VOYAGE
AU MONT PILAT

OU

VISITE A MON PAYS

PAR

M. SEYTRE DE LA CHARBOUZE

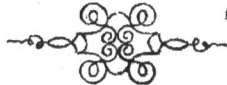

SECONDE ÉDITION

SAINT-ÉTIENNE

IMPRIMERIE ET LIBRAIRIE J.-M. FREYDIER ET Cⁱᵉ
Rue de la Bourse, 2

1874

A Monsieur MULSANT

Membre de l'Institut

—⟶⟩⟨⟨⟨⟵—

MONSIEUR ET BIEN CHER AMI,

Voici mon VOYAGE A PILAT remis à neuf. Faites-lui bon accueil; il en a besoin, et vous le lui devez; c'est par vos conseils que je l'ai fait rééditer.

Vous savez que la modestie de mon petit livre n'est pas feinte : aujourd'hui surtout, cette modestie devra être plus absolue, en présence des deux magnifiques volumes de vos SOUVENIRS SUR PILAT, où les connaissances variées, la science profonde et le beau langage, s'unissent merveilleusement, pour intéresser le lecteur.

Pour moi, hélas! je ne puis avoir d'autre ambition, que de distraire quelques lecteurs débonnaires que ne fatigueront pas des impressions toutes personnelles, et des émotions trop intimes.

Croyez, Monsieur et bien cher ami, à mon respect et à mon affection.

LE SOLITAIRE DE LA CHARBOUZE.

———

Lettre de M. Jules Janin

A L'AUTEUR DU

VOYAGE AU MONT PILAT.

Monsieur,

Voici enfin que je vous rends ce manuscrit bien curieux, où j'ai retrouvé, non sans joie et sans orgueil, toute l'histoire de notre patrie commune. Oui, certes, vous avez raison de les aimer, ces frais vallons, ces belles ruines, ces hautes montagnes, ces laborieux paysans, ces rudes ouvriers, nos frères. La poésie et le travail ont passé par là, se donnant la main ; la main blanche et la main noircie, le charbon et les fleurs, le poème et l'enclume, Coligny et le baron des Adrets. Tout ce doux pèlerinage, je l'ai fait comme vous. Je suis un enfant de Val-benoîte : là était ma bonne nourrice. Je sais par cœur tous les sentiers de la *République* et du Mont Pilat. Quelles merveilles, et comme on est tenté de s'écrier : *Seigneur, nous sommes bien ici, dressons-y, s'il vous plaît, trois tentes.*

Donc je vous dois des remerciements bien sincères pour m'avoir rappelé, avec un si bon style et tant de cœur, tous ces beaux souvenirs de la vingtième année, qui est déjà si loin de moi.

Monsieur et cher compatriote, je vous serre la main de tout mon cœur.

J. JANIN.

3 juillet 1842.

VOYAGE AU MONT PILAT

CHAPITRE I.

Ah' bench' io ami tutti le nazioni Dio
sa quanto io prediliga l'Italia, e bench'
io sia cosi invaghito dell' Italia, Dio sa
quanto piu dolce dogni altronome d'italico
paese mi sia il nome del Piemonte, del
paese de' miei padri.

SILVIO PELLICO.

Je sais bien, et vous aussi ami lecteur le savez,
pourquoi nous aimons d'une si grande affection
la *patrie, le pays de nos pères*, pour parler le langage du poétique et religieux Silvio Pellico. Il n'y
a que les paralysés du cœur qui aient pu dire :
Ubi bene, ibi patria. J'ai parcouru presque tous
les pays habitables du globe. J'ai vu de belles
contrées, des cités superbes, des lieux où j'aurais
voulu poser ma tente ; mais, à l'horizon de mon
âme, j'apercevais un coin de la terre dont le nom

me faissait tressaillir, dont la pensée, en me ra-
jeunissant, me rendait meilleur.

Le *pays de nos pères*, c'est l'Eden terrestre,
c'est ce paradis de délices où tout était beau, où
tout était bon, où tout était jeune ; parce que nos
premières impressions ne nous apportaient que
de suaves sentiments d'amour ; parce que nous
ne fréquentions que les sentiers fleuris de la vie.
Oh ! que j'ai envié le sort de ceux qui ne quittent
pas le nid paternel ! *O fortunatos nimium sua si
bona norint !* Hélas ! on ne le connaît, ce bon-
neur, on ne l'apprécie que quand on l'a perdu.

Oui, c'est après avoir vécu de longues années
avec les indifférents ; c'est après avoir connu les
luttes, les combats ; c'est après avoir perdu ses
dernières illusions, c'est enfin après avoir eu sa
part des communes misères qu'on aime à revenir
sur ses premiers pas dans la vie, sur ces jours si
vite écoulés des caresses de la famille, sur ces rêveries vagabondes d'une imagination qui s'éveille ;
alors, surtout si le cœur est resté bon, dans le
lointain de nos souvenirs, la patrie se révèle à
nous avec un ciel plus serein, des champs plus
parfumés, des paysages plus séduisants que les
plus beaux lieux de la terre ; car tout nous y
parle un langage connu, tout nous rappelle mille
circonstances oubliées qui éveillent en nous arrivant, un sentiment de joie, d'espérance et d'a-
mour.

Je rends grâces à Dieu qui a permis que je re-
trouve, après d'assez rudes épreuves, le souvenir
de mon pays, aussi frais, aussi limpide qu'au
printemps de mes jours. C'est donc avec amour
que j'entreprends ce pèlerinage : les montagnes,
les forêts, tous les lieux qui m'ont captivé n'auront subi aucune altération de la marche du temps,
les hommes seuls auront changé, les vieillards
seront morts, et les amis de mon âge auront, eux
aussi, senti le poids des années. Si mon Eden
n'est plus habité par les créatures parfaites que
ma jeune imagination ornait de tant de qualités,
si je rencontre des borgnes, des boîteux, des
sots et des méchants, quelques hommes robustes
seront restés droits et bons, quelques intelligen-
ces de prix auront surnagé au naufrage des illusions ; mais quand le spectacle des misères, des
lâchetés me blessera, je fermerai les yeux, et alors
je ne verrai plus que les élus de mon paradis terrestre.

C'était au mois de juin de l'année 1840 que
j'entreprenais mon voyage. Il importe peu de
préciser de quelle partie de la France j'arrivais ;
mes impressions ne commencent qu'à mon entrée dans mon pays de Forez. Je suis à Roanne ;
j'ai le pied chez moi, je vais doucement, un peu à
l'aventure ; j'aurais même regret d'arriver trop
tôt. Je vois à l'horizon le Mont Pilat et le *pays de
mes pères*, il *paese dei mèi padri*. Je suis dans

les meilleurs dispositions pour faire l'école buis-
sonnière, ne fût-ce que pour laisser aux douces
émotions du cœur un peu d'attente à se produire :
saluons donc d'abord notre département de la
Loire et disons un mot de cette antique province
du Forez.

CHAPITRE II.

Le Forez.

> Il existe à l'est de la France, par le 46ᵉ
> degré de latitude, un petit pays enchassé,
> comme une perle fine dans le demi-cer-
> cle des montagnes de l'Auvergne et du
> Vivarais, d'une largeur moyenne de douze
> lieues, d'une longueur double et dont
> l'extrémité sud-est, fortement rétrécie,
> pourrait être justement comparée à un bec
> de cornemuse.
>
> M. DE LA GOURNERIE.

Je désire fort que mes compatriotes me sachent
gré de donner, en passant, un souvenir de quelques lignes à cette province dédaignée des poètes
et des touristes : les uns et les autres la jugent
indigne de leurs impressions, parce que jusqu'ici la mode n'a pas amené les désœuvrés dans
mon pays, et que les savants sont peu disposés à
se déranger, pour aller étudier des lieux dont personne ne parle. Heureusement que la *terre de Forez* compte avec orgueil, parmi ses enfants, des
hommes de patientes études, qui lui ont voué un
culte de vénération, qui se pénètrent de ses beau-

tés, de ses richesses, et à l'âme desquels se décou-
vrent ses charmes inconnus.

J'ai lu avec intérèt la remarquable *Histoire du
Forez* de M. Bernard. Cet auteur, qu'embrase un
saint amour pour son pays, lui aura élevé un monument durable, *monumentum perenne*. S'il ne
nous découvre point, à chaque pas, des ruines vi-
sibles, si recherchées des archéologues, il exhume
des vieux manuscrits les souvenirs historiques,
dont les lieux semblaient avoir perdu la mémoire ;
désormais, ces souvenirs se perpétueront en gran-
dissant de siècle en siècle, parce que la tradition ne
s'en altérera pas.

Mais, afin de nous assurer si ce pays est aussi
disgrâcié que le ferait supposer l'oubli dans lequel on l'a laissé, disons, avec M. Bernard pour
guide, un mot de son histoire ; nous jetterons ensuite un coup-d'œil sur sa configuration physique.

« Ceux de Forez, dit un vieux livre, sont à la
« byse contigus au Bourbonnais ; à l'Occident, à
« l'Auvergne ; au Midi, ont le Lyonnais et à l'Orient,
« le Beaujolais. »

Le *Foresium*, ou *Pagus forensis*, était habité
par les *Segusiani liberi* ; *Forum segusianorum*,
aujourd'hui *Feurs*, était la capitale. Sous Hono-
rius, ce pays fut compris dans la première Lyon-
naise. De la domination romaine, il passa sous
celle des Bourguignons, et ce ne fut qu'après la

destruction du royaume de ces derniers, vers l'an 532, qu'il fut réuni à la monarchie des Francs. Sous les Mérovingiens et les premiers rois de la deuxième race, un fonctionnaire qui prenait le nom de comte, administrait le pays. Cette charge n'était qu'une commission du prince, et, partant, amovible ; mais Charles-le-Chauve, ayant chassé de ses gouvernements le célèbre Gérard de Rous- sillon, établit dans le Lyonnais et le Forez un nou- veau gouverneur nommé Guillaume. Ce dernier sut profiter des troubles qui agitaient la France vers la fin du neuvième siècle, pour se rendre inamovible et se créer une espèce de fief qu'il partagea à ses fils.

Les comtes jouirent paisiblement du Forez. A l'égard du Lyonnais, et particulièrement de Lyon, ils eurent de rudes querelles avec l'archevêque et son chapitre. Malgré une active et persévérante guerre, les successeurs de Guillaume perdirent enfin ce beau fleuron de leur couronne comtale, qui fut définitivement donné à l'archevêque et à l'Eglise de Lyon, par l'empereur Frédéric Barbe- rousse, l'an 1157. Désormais, les comtes de Forez ne seront plus qualifiés comtes du Lyonnais.

Comme le royaume de France, la province du Forez compte trois races de souverains : La pre- mière dite des Guillaume, a fourni douze comtes, nommés Guillaume ou Arthaud ; elle s'éteignit vers l'an 1109, en la personne de Guillaume-le

Jeune, qui eut pour successeur Gui Raimon, son
cousin germain, fils de Gui Raimon, dauphin de
Viennois et d'Albon, et d'Ide Raimonde de Forez.
Dès lors, le *dauphin* remplaça, dans les armes
des comtes de Forez, le lion que les premiers comtes portaient par allusion au nom de la ville de ce
nom qui entrait dans leur apanage. Les sires de
Beaujeu, issus des comtes de la première race,
conservèrent le lion, aux mêmes couleurs, *mais
brisé d'un lambel de gueules.*

Gui Raimon, troisième comte de cette race des
d'Albon, épousa la célèbre enchanteresse Mellu-
sine, qui descendait des Lusignan ; de sorte que
c'est du Forez que sortirent les rois de Chypre et
de Jérusalem : Marcilly ayant été la demeure de
cette renommée magicienne ; c'est de là qu'Honoré
d'Urfé lui fait dans l'*Astrée* pratiquer ses enchan-
tements.

Cette seconde race s'éteignit dans la personne
de Jean II, dit *l'Imbécile.* Ce prince ayant vu périr,
à la bataille de Brignais, en 1362, contre les bandes
des *Tard-Venus,* ses proches parents, en mourut
de *déplaisir* ou de *frayeur.*

La troisième race commence en 1372, à Louis,
duc de Bourbon, qui recueillit le comté de Forez,
aux droits de sa jeune femme, Anne, dauphine
d'Auvergne, héritière de ce comté, à cause de sa
mère, Jeanne de Forez, sœur du dernier comte.

Le pays demeura dans la maison de Bourbon

jusqu'en 1522, et fut possédé par sept comtes. De cette époque date l'importance de la charge de bailli de Forez, dont jouit presque toujours un membre de la famille d'Urfé.

On sait qu'à la suite d'un scandaleux procès, Louise de Savoie, mère de François Ier, se fit adjuger en 1522, par un arrêt du parlement, les biens du malheureux connétable Charles II de Bourbon; quelques années après, elle en fit don au roi pour être réunis à la couronne.

Parmi ces puissants seigneurs féodaux, plusieurs se distinguèrent par de grandes qualités et d'éclatantes vertus. Leur histoire nous entraînerait trop loin. Nous dirons seulement que Gui IV, vers la fin du douzième siècle, fut un des premiers barons du pays de France, qui accorda des lettres de franchises à ses vassaux immédiats. Son exemple fut suivi par les petits seigneurs; mais aucun ne fit preuve d'autant de libéralité. En affranchissant ainsi ses hommes, *homines sui*, il se privait d'importants revenus, et cela au moment où il faisait construire plusieurs célèbres monuments, entr'autres l'église de Montbrison, où il fut enterré en 1239 et où l'on voit encore sa statue mutilée.

Aujourd'hui, le Forez, avec une petite partie du Lyonnais et du Beaujolais, forme le département de la Loire, divisé en 3 arrondissements, 28 cantons, 319 communes; sa superficie est de 244 lieues carrées, et sa population de 391,216 habitants.

Par une belle journée de printemps, quittons la ville de Montbrison et dirigeons nos pas sur un des points élevés des montagnes qui touchent à l'Auvergne. Choisissons de préférence, si vous le voulez, Pierre–sur-Haute. Chemin faisant, nous aurons foulé bien des richesses botaniques et admiré de très riches paysages, que viennent animer les nombreux troupeaux de bétail qui fournissent aux *fabriques* de ces fromages que les gourmets apprécient et que les gens du peuple appellent *fourmes*.

Nous sommes arrivés et nous tournons le dos à l'Auvergne. Ce qui nous frappe d'abord, ce sont deux chaînes de montagnes qui encadrent merveilleusement le Forez et ajoutent à l'effet de la perspective. A notre droite et du midi s'avance une ligne onduleuse et dont les accidents forment les pics de Pierre-sur-Haute, de la Madeleine, etc. C'est un prolongement des montagnes de l'Auvergne que nous voyons à notre gauche s'abaisser insensiblement, pour aller s'anéantir dans les plaines du Bourbonnais. Si notre regard peut atteindre à ce lointain horizon et percer ces vallées vaporeuses, nous verrons, de l'extrémité des Cévennes, s'avancer également, du Midi au Nord, une gigantesque ligne sinueuse qui sépare le département de la Loire de celui du Rhône et va se joindre aux montagnes de la Bourgogne. Le point le plus élevé de ces monts, c'est le Pilat, dont nous parlerons bientôt.

A nos pieds, coule la Loire au milieu d'une plaine qui, depuis Saint-Rambert jusqu'à Roanne, peut avoir 50 kilomèt. environ. Çà et là, et surtout dans l'arrondissement de Montbrison, des buttes volcaniques en basalte noir surgissent hors de terre. La féodalité y groupa ses châteaux, qui firent souvent trembler de peur le troupeau des pauvres serfs attachés à la glèbe. La tradition, cette mémoire des peuples, est rarement muette sur ces vieux manoirs, dont les ruines inspirent encore aux habitants des campagnes une crainte instinctive ; on raconte que la seule vue du donjon féodal faisait tressaillir d'épouvante : le campagnard qui vous montre les sombres souterrains, les caves et les citernes est encore tout au plus rassuré.

Le naturaliste et l'antiquaire ne manqueront pas de visiter le pic de Montauboux, celui de Marcilly, Montbrison, Saint-Romain, le Mont-Claret, etc. ; mais l'agriculteur et l'économiste admireront la fertilité de cette plaine, qui avait fait croire aux anciens que le nom de *Segusie*, donné à cette province, dérivait de *Segesta*, déesse des moissons.

Voyez ces terres couvertes de froment, de seigle, de chanvre, de diverses plantes oléagineuses. Ces villages qui se baignent là-bas dans le Rhône: Saint-Pierre-de-Bœuf, Chavanay, Saint-Michel, Château-Grillet, produisent, dans 14,000 hectares de vignes, du vin d'excellente qualité. Les forêts, où le sapin domine, couvrent plus de 40,000 hectares ; sur

les flancs des montagnes et ailleurs, les arbres à
fruits abondent.

Est-il donc déshérité des biens de la nature le
pays qui, à ces titres de prospérité, ajoute des
richesses minéralogiques qu'envieraient les départ-
tements les plus favorisés! Nous avons en abondance le fer, le plomb, l'arsenic et surtout la houille.
Nous exploitons des carrières de marbre, de granit,
de porphyre. Les eaux minérales de Saint-Galmier,
Saint-Alban, Sail-sous-Couzan, de Montbrison, de
Feurs, etc., méritent leur réputation. Enfin, ma
province de Forez ne craint pas de rivales pour son
industrie. N'a-t-elle pas sa manufacture d'armes
de guerre et de luxe, des fabriques de toutes sortes : draps, bonneteries, tulles, dentelles, rubans,
velours, lacets, verrerie, quincaillerie, filature,
moulins à soie, papeterie, fours à chaud, hauts-
fourneaux, forges, scieries, distilleries, etc., etc.
Que sais-je encore !

Le savant antiquaire ou économiste, en visitant
ce pays, reviendra de son dédain. L'archéologue
ira étudier à Montbrison la vieille église gothique
bâtie en 1205 par le comte Gui IV, les restes du
vieux château, la tour rendue fameuse par les
exécutions du baron des Adrets ; à Saint-Rambert-
sur-Loire, une église romane construite probablement sur les ruines d'un édifice romain. Il s'ar-
rêtera, n'en doutez pas, à ce vieux château qui se
trouve là-bas devant nous, sur la rive gauche du

Lignon, qui en baigne les pieds et dont les bois nous dérobent tout l'aspect. C'est *Labatie*, demeure de la famille d'Urfé, où fut écrite l'*Astrée*. La petite ville de Feurs, autrefois la capitale du *Forum segusianorum*, lui offrira d'innombrables vestiges d'antiquités romaines.

En parlant de l'arrondissement de Saint-Etienne, plus spécialement but de ce voyage, nous ferons observer que là encore, tout le vieux monde artistique n'a pas péri.

Et voici qu'une épaisse fumée s'élève à l'horizon de droite et semble sortir d'un gouffre : elle nous annonce Saint-Etienne, la ville de houille, de fer, le pactole moderne ; plus loin, à l'est, Saint-Chamond avec ses fabriques de rubans, et à l'extrémité Rive-de-Gier, avec sa population de mineurs. Les montagnes noires du Pilat bornent notre horizon du Sud ; c'est sur ces hauteurs que nous allons nous diriger.

Descendons de notre observatoire ; aussi bien devons-nous être convaincus que la province du Forez méritait mieux que le dédain des écrivains voyageurs.

CHAPITRE III.

Arrivée à Saint-Etienne. — Un procès et les gens d'affaires. — Trois amis. — Réflexions philosophiques dans un dîner.

> Mais du moins j'aurai pu, frère, quoiqu'il m'arrive,
> De mon cachet de deuil sceller notre amitié,
> Et que demain je meure ou que demain je vive,
> Pendant que mon cœur bat, t'en donner la moitié.
>
> ALFRED DE MUSSET.

Je suis à Saint-Etienne et j'ai un mois de la belle saison à dépenser. Je prends la résolution ferme de mettre de l'ordre dans mes excursions, mes visites ou mes pèlerinages, et de suivre une certaine méthode dans mes récits. Mais, hélas ! si j'ai mis en pratique la maxime de la philosophie ancienne : *Connais-toi toi-même*, j'ai acquis la triste conviction que la fantaisie commandait trop souvent en maîtresse au logis. Combien j'envie le sort de ces gens estimables, qui sont assez maîtres de leurs pas, de leurs idées, pour prévoir à l'avance, et avec une exactitude de géomètre, l'emploi de leurs journées, le sujet de leurs pen-

sées ! Oui, je suis loin d'être aussi heureusement
organisé. Aussi, mes luttes, mes combats, ne sont
ni longs ni rudes ; je me fais de vifs reproches
de trouver tant d'attrait à suivre mes idées à
mesure que les objets les amènent, sans m'as-
treindre à tenir un chemin battu. Que puis-je y
faire : je suis grand ami de cette douce paix que
Dieu promet aux *hommes de bonne volonté*. Je
me range dans cette classe débonnaire, et je signe
un traité de paix pour mettre fin à toute guerre
intestine. Oh ! que le poète me charme en donnant une excuse à mon infirmité, excuse toutefois
dans une certaine mesure : *Video meliora pro-
boque deteriora sequor*.

Donc, je ne m'étonnerai ni ne m'attristerai s'il
m'arrive pendant ce voyage de former, dès le matin, le projet d'aller dans un lieu déterminé, et si
quelque objet vient en chemin changer la direction de mes idées, de ne pas faire de façon et de
m'arranger en conséquence.

C'est ainsi, et d'après un dessein fixe, que je me
rendis le lendemain de mon arrivée chez un avoué,
pour terminer tout d'abord une affaire litigieuse
qui depuis longtemps réclamait ma présence. Ce
n'était pas chose facile que de me mettre au courant d'un interminable procès que les hommes
d'affaires poursuivaient en mon nom. On m'avait
écrit que j'avais gagné, puis perdu, gagné de
nouveau, et enfin transigé par procuration avec

le débiteur. Mon avoué, M⁰ C..., m'expliqua longuement la marche tortueuse de cette éternelle procédure ; je n'y avais jamais vu très-clair et je finis par n'y rien comprendre. Ce n'est pas que M⁰ C... s'expliquât mal ; au contraire, je crois qu'il discourait très lucidement ; mais il m'avait reçu dans son cabinet où les dossiers de procédure se dissimulaient dans quelques coins obscurs, où apparaissaient dans toute sa magnificence une riche bibliothèque, des collections d'histoire naturelle, minéralogie, ornithologie, entomologie, des gravures de maîtres, des mines de plomb bien traitées, des dessins de vrais artistes. Depuis longtemps mes yeux avaient quitté les nombreux papiers de mon procès pour parcourir avec avidité les richesses qui s'offraient à ma vue ; j'allais d'un objet à l'autre, me hâtant de tout voir, semblable à un prodigue qui craint de n'avoir pas assez de temps pour dépenser son bien. Je tremblais que le maître de céans, venant à s'apercevoir de ma distraction, ne me rappelât brusquement du charmant voyage que j'entreprenais à son insu autour de sa chambre. A la fin, impatienté d'entendre sans cesse résonner à mes oreilles des sons dont je n'avais plus la perception, je me levai, et force fut à mon légiste de fermer son dossier. Oh ! alors et à ma grande satisfaction, le procureur se transforma et je me trouvai avec un véritable savant, modeste et sans pédantisme. Il mit le plus gracieux empressement à me faire les honneurs de ses richesses ; j'en profitai amplement.

La collection des livres de Me C... annonce un éclairé bibliophile ; elle est nombreuse, choisie, et de belles éditions, de riches reliures, viennent augmenter le prix de ce dépôt intellectuel. Mais ce qui m'attira le plus, ce fut d'y trouver, à peu près, tout ce qui a été imprimé sur l'histoire et la description du Forez et du Lyonnais. Me C... est un de ces hommes sérieux voués au culte du passé et qui se passionnent pour la gloire de leur pays. L'oubli dans lequel on a laissé jusqu'ici cette belle province lui pèse ; il consacre ses veilles et ses soins à recueillir les documents historiques qui s'y rapportent ; il veut reconstruire, pour notre instruction, l'édifice féodal de l'ancien Forez et faire mieux connaître les mœurs d'un passé où, à tout prendre, le bien se montrait souvent à côté du mal ; c'est dans ce but qu'il travaille à une histoire légendaire des nombreux châteaux de la province, où, sous la forme de Notices historiques, il nous initiera à la vie de nos pères. Le Catalogue des livres rares, manuscrits, tableaux, dessins, armorial, plans des villes, etc., que possède Me C... serait long à établir. En voilà assez pour nous faire apprécier les goûts artistiques, les connaissances variées de mon digne avoué.

Je fus donc singulièrement favorisé d'avoir fait

une telle connaissance, et je consacrai huit jours à parcourir tous ces matériaux précieux d'une belle histoire, à lire, à prendre des notes, car Me C... n'est pas un de ces savants avares de leurs trésors : il les communique, au contraire, avec une grâce charmante, à tous ceux qu'intéresse l'histoire du pays.

Il fallut pourtant en revenir à mes affaires d'intérêt, afin de pouvoir disposer sans remords de tous mes instants. Je parvins à les terminer, et voici le résultat que j'obtins, la chose vaut la peine d'être enregistrée, pour l'enseignement des plaideurs : Il m'était dû une somme de..... mettons 20,000 fr. et plus ; je ne sais comment il arriva, après des jugements en ma faveur, que ces 20,000 francs et plus, je n'exagère pas, se trouvèrent réduits à 3,600 francs. C'est toujours cela, disais-je en moi-même, ces diables de procès sont ruineux même pour ceux qui gagnent. J'arrive chez le notaire de la famille, où se trouvait mon débiteur avec les 3,600 francs, qui furent payés et dont je donnai quittance. J'attendais que le notaire me mit en possession des écus, et pour aller au-devant du désir que manifestait sans doute ma figure, cet officier ministériel ouvrit un tiroir et en sortit un effroyable amas de notes d'avoués, d'avocats, d'huissiers et du notaire, son prédécesseur. Le total de ces réclamations se montait à 3,703 francs ; c'était CENT TROIS FRANCS que je dus payer de plus pour un procès que j'avais gagné ! ! ! J'étais, on le comprendra, assez peu satisfait, mais il n'en fallut pas moins m'en revenir les poches vides.

Cette affaire me parut si . . . . singulière et dépassait tellement mon intelligence, que j'exposai mes doutes et demandai conseil au président du Tribunal civil de Saint-Etienne. M. Brun de Villeret ne partagea pas ma surprise, et tout en m'adressant des paroles de condoléance sur mon désappointement, il me dit :

— Les hommes d'affaires dirigent un procès avec le sang-froid de gens à qui sa durée est profitable. Ils éternisent les procédures par des moyens que la loi est souvent impuissante à contrôler. C'est un mal, assurément ; mais c'est ainsi. J'examinerai pourtant les notes que vous me laissez, et je taxerai, s'il y a lieu, vos hommes de loi.

Le digne président se trouva probablement dans l'impossibilité de tenir sa promesse ; car je n'ai plus entendu parler de rien.

Sans être pessimiste trop absolu, il me semble qu'on peut constater que des abus se sont introduits dans l'exercice des charges des officiers ministériels. Un ministre de la justice avait résolu de cicatriser ce qu'il appelait une plaie, en abolissant la vénalité de ces charges. Un immense cri de réprobation accueillit ce projet ; et comme les inté-

ressés avaient de l'influence sur les urnes électora-
les, le gouvernement s'est bien gardé de toucher
à l'arche sainte des offices

Je sais qu'il existe une imposante majorité
d'honnêtes gens parmi les officiers ministériels; j'en
connais que je respecte et qui méritent la confiance
dont ils jouissent. Les autres, que voulez-vous ? ils
sont de leur siècle ; la tendance est au gain, à la
fortune.... *Quid non mortalia pectora cogis : auri
sacra fames.* On achète une charge à des prix
effrayants : on monte sa maison sur un pied de
millionnaire; l'appât de la richesse est irrésistible.
Le public, comme les moutons de Panurge, donne
tête baissée dans le piége et vient alimenter, pour
un temps, les sources de ce pactole éblouissant.

— Qui peut plus sûrement répondre de mes
épargnes, qu'un homme qui possède des chevaux,
des maisons de campagne, qui m'invite à sa table, et quelle table ?

Puis des déconfitures arrivent, des scandales,
des ruines, qui ébranlent le crédit public et produisent la misère dans les familles. Depuis 1830
surtout, quels exemples n'ont pas fournis les colonnes de la *Gazette des Tribunaux !*

Autrefois, les notaires surtout, n'inspiraient pas
la confiance à cause de leurs richesses : c'était le
contraire vraiment ; car ces hommes, d'une si rigoureuse probité, auraient fait triste figure à côté
de leurs brillants confrères modernes. Jugeons-en :

Dans les derniers siècles, les lois leur défen-
daient l'état de barbier et de boucher, et quant à
leurs appointements ou honoraires, les voici : « Au
« 16ᵉ siècle, ils avaient *deux sols* pour un acte de
« vente ; *quatorze deniers* pour une procuration.
« Pour les autres actes, *un denier* pour ceux de
« trois lignes de soixante-dix lettres et pour ceux
« de plus de trois lignes même taux dans les mê-
« mes proportions. » Ceci est extrait du règlement
des notaires en 1525.

Plus tard, les notaires grandirent encore dans
l'estime publique, et le siècle passé a vu mourir de
ces hommes respectables qui ne donnaient pas de
reçu en acceptant le dépôt peut-être d'un million,
mais qui rendaient le dépôt dans le même sac,
ficelé de la même ficelle et auxquels les familles
confiaient leurs secrets. Ces notaires historiques
et presque fabuleux aujourd'hui, se croyaient res-
ponsables de leurs erreurs dans leurs actes et les
méditaient longuement ; mais s'ils n'avaient pas la
richesse qui alimente le luxe moderne, leur parole
était sacrée.

Je revenais un jour de chez M. C..., lorsque je
fis la rencontre d'Alphonse G..., et Charles B...,
deux amis des premiers ans. Ce fut avec un vrai
plaisir que nous nous revîmes : nous avions assez
vécu ensemble pour nous apprécier sans arrière-
pensée ; aussi, nos rapports étaient-ils pleins de cor-
dialité, et nos conversations avaient tout le laisser-

aller de personnes qui n'ont rien à se dissimuler
et qui peuvent penser tout haut. Charles B... est
ingénieur des mines et Alphonse G... est médecin.
D'un commun accord il fut résolu que nous dîne-
rions ensemble et comme autrefois, en garçons,
chez Desjoyeaux. Le dîner fut, je crois, excellent,
les vins choisis et nous mangeâmes de ces petites
truites rougeâtres de Pilat, qui ne sont nulle part
aussi savoureuses ; mais le charme que nous éprou-
vions à nous trouver réunis nous empêcha de juger posément du mérite de notre dîner. Nous causions à nous étourdir ; c'était un feu croisé de
questions qui restaient souvent sans réponse, une
conversation décousue comme celles que peuvent
entretenir trois bons amis qui ne se sont pas vus
depuis douze ans.

Charles, autrefois si rieur, si vif, est devenu
grave, mélancolique. Sa parole est brève et le sourire effleure à peine ses lèvres ; mais c'est toujours
un cœur d'or qui se passionne comme les grandes
âmes.

Alphonse n'est pas changé, il est toujours spirituel et d'une société charmante. Jamais, chez lui,
on ne trouve l'ombre de cette affectation qui gâte
presque tous les hommes de quelque mérite ; il dit
des choses piquantes avec autant de naturel que
d'autres mettent de prétention à dire des choses
communes ; il a adopté, des idées nouvelles, ce
qu'elles ont de noble, d'élevé, de séduisant. Je ne

résiste pas au plaisir de citer une de ces boutades
étourdissantes :

« Avouons, nous dit-il, avec son franc et gracieux
sourire et en nous versant d'un généreux vin de
Côte-Rôtie, que nous ne savons guère jouir de la
vie. Un des plus agréables passe-temps de l'existence, c'est un bon repas ; j'en demande pardon à
nos modernes stoïciens ; oui, un bon repas avec
trois ou quatre amis. Hé bien ! nous remplissons
cette fonction de table qui devrait être une de nos
premières jouissances avec toute la légèreté qui
nous caractérise. C'est tout au plus si nous nous
inquiétons de ce qui est servi sur la table. Ils entendaient mieux l'économie de ce plaisir ces anciens qui imaginèrent l'art merveilleux de varier
tellement les plafonds, les décorations, les ameu-
blements et toute la forme d'une salle de festin qu'à
chaque service on paraissait changer d'appartement. Brillat-Savarin et La Reynie avaient un grand
respect pour ce tant méprisé Héliogabale qui avait
le premier mangé sur des tables d'argent : était-il
donc sans mérite ce gros Vitellius qui rassemblait
pour sa table jusqu'à deux mille poissons rares et
sept mille oiseaux ? Et Geta donc, qui réglait tour
à tour la bonne chère de ses palais sur les lettres
de l'alphabet ? Ainsi, par exemple, lorsqu'il invitait
au P. était-on sûr d'avoir pigeons, poulets, perdrix, *phaisans*, pluviers, paons, porcs, etc., etc.,
sans compter les perches, plies, poules d'eau, etc.,

etc. Saluons ces maîtres du goût, Lucullus, Caligula, Galérius et tant d'autres illustres amis des
nobles festins.

« Il est bien vrai qu'il y avait des frondeurs assez mal avisés pour ne pas suivre ces exemples
de haut enseignement ; mais la partie saine des
Romains portant toge et laticlave faisait fi des choux
de Caton, des figues de Platon, des herbes de Per-
tinax, des fèves de Curius Dentatus. Tous ces mo-
roses philosophes prêchaient dans le désert et
Rome s'illustrait par ses découvertes, ses progrès,
son sens exquis dans l'art culinaire... »

Un rire homérique nous fit interrompre cette ti-
rade gastronomique dont nous attribuâmes l'ins-
piration au vin d'Ampuis.

Nous causâmes longtemps encore et la nuit était
avancée lorsque nous nous séparâmes ; je crois
même que l'aube blanchissait les toits rouges
de la ville ; mais nous ne nous étions pas aperçus
de la marche des heures. Je vis plusieurs fois depuis mes deux bons camarades. Je serais heureux
qu'ils puissent un jour lire ce passage ; ils y ver-
raient une preuve des souvenirs que je conserve
d'eux.

CHAPITRE IV.

L'arrondissement de Saint-Etienne. Les vieux châteaux et les anciennes familles.

> Qual maihawi terra.. ora erreta in ampie catene di monti, che nel loro itsesso selvaggio orrore, mostrano infinite bellezze, e nelle foreste sterminate, e nelle valli fortunate, e nelle acque, o scorrenti in rivi freschi e molli o romoreggianti nei torrenti, o per cateratte balzanti.
>
> UN AUTEUR ITALIEN.

J'étais un jour à Venise, fort occupé à contempler l'*Assomption* du Titien : il me semblait que rien n'était plus célestement beau que cette grande et forte figure de la Vierge-Marie, dans sa tunique rose et son manteau d'azur ; les apôtres groupés au bas du tableau, en diverses attitudes de ravissement et de surprise, me paraissaient habilement disposés. Je me trompais, ainsi que me le fit apercevoir un inconnu, dont la présence ne me fut révélée que par ces mots superbement dédaigneux :

— Bah ! la mode veut qu'on admire l'*Assunta*, *mais les Apôtres ont les jambes cagneuses.*

Je me retournai pour voir le personnage qui m'initiait à ses aperçus de haute critique, et je reconnus un compatriote de ce *Smelfungus* de Sterne, qui n'avait vu dans le Panthéon de Rome *qu'un vaste cirque pour un combat de coqs.* Je tournai le dos et passai outre.

Sur l'Acropole d'Athènes, en face du Parthénon, j'eus encore une rencontre désagréable. J'étais assis sur un tronçon de colonne et je regardais fort paisiblement les belles ruines du temple de Minerve, un flegmatique Anglais, que je n'aurais jamais cru capable d'éprouver le moindre sentiment un peu vif, m'arrive, essoufflé, le visage écarlate, la voix haletante, et du plus loin qu'il put se faire entendre, il me cria ces mots :

— Comment ! vous restez froid, insensible, devant ce chef-d'œuvre ?

Je regardai mon Anglais d'un air stupéfait, tant j'eus peur qu'il ne fût sous le coup d'une congestion cérébrale.

— Mais, continua-t-il, il n'y a rien de si beau sur la terre. Le génie humain a marqué sur ce marbre jusqu'où peut aller sa puissance. Les siècles passés et ceux qui suivront n'ont rien produit et ne produiront pas un monument semblable à celui-ci.

— Vous avez peut-être raison, lui répondis-je; seulement il est fâcheux que votre compatriote, lord Elgin, ait déshonoré ce temple en le dépouil-

lant des belles frises qui manquent ici ; et je m'en-
fuis au plus vite

A Rome, dans l'église de Saint-Pierre-aux-Liens,
un autre personnage de je ne sais quelle nation,
me faisait observer que la tête du *Moïse* de Michel-
Ange ressemblait à un Satyre et non à un prophète
inspiré.

Hélas ! oui : en voyage, on n'est pas libre de
ses impressions ; si vous êtes en présence d'un
grand spectacle, tableau, statue ou paysage, la sottise murmure à vos oreilles, en térmes exagérés,
son admiration banale, inspirée à point fixe
par le *Guide;* ou la présomptueuse suffisance, pra-
tiquant avec un dédain superbe le *nihil admirari*
du poète, critique ce qu'elle ne comprend pas.

Pour mon compte, je n'ai pas de mérite à me
préserver des défauts que je viens de signaler, du
dernier surtout. Ce qui est beau me pénètre sans
effort ; mais mon émotion, qui s'éveille facilement,
n'est ni savante ni étudiée. C'est sans doute pour
cela que les beautés de la nature, les œuvres de
Dieu, sont pour moi bien supérieures à celles des
hommes ; et dût-on me prendre en grande pitié,
j'aime un beau chien, un beau cheval, un riche
paysage, beaucoup plus que la *Transfiguration*
ou la *Vénus de Médicis.* Que voulez-vous ? ce vice
d'organisation tient à mon ignorance complète en
peinture et en sculpture, j'ai visité les Musées, les
galeries, les collections célèbres de l'Europe, j'ai vu

les œuvres des grands artistes, et je suis resté sans grande admiration devant ce qui excitait l'enthousiasme de tout le monde.

L'expression suave et mélancolique dans Léonard de Vinci, l'exquise noblesse des figures, le naturel et l'expression des attitudes dans Raphaël, la grâce céleste du Corrége, ont seuls éveillé chez moi de douces émotions. Voilà pourquoi j'aime surtout ces trois immortels artistes. Pour les autres (hélas ! qu'on me plaigne !) je les donnerais volontiers pour un déjeuner rustique, sous un de mes sapins, auprès d'une claire source bien fraîche.

Ce hors-d'œuvre, dans mon voyage quelque peu sentimental et pittoresque, devrait avoir pour effet de prouver, que si mon humeur pacifique et débonnaire, et la défiance que j'ai dans mes lumières, me gardent des jugements absolus et tranchants, des critiques hasardées, il n'en est pas de même, lorsque les objets éveillent en moi des sensations agréables. Dans la contemplation des beaux lieux, je ne suis jamais resté indifférent. Et ! qui pourrait l'être, en présence des grandes œuvres du créateur ? *Dieu*, dit l'écriture, *pour révéler aux hommes la grandeur de ses œuvres, place son œil sur leur cœur : posuit oculum super corda illorum ostendere illis magnalia operum suorum.* Cet œil céleste est la source de l'enthousiasme chrétien. Lorsqu'il s'ouvre, l'amour, l'ad-

miration, les joies surhumaines jaillissent à flots
des âmes, ainsi que sous la baguette de Moïse
l'eau jaillit du rocher.

Ces affections qui pénètrent si vivement notre
âme, je les ai surtout éprouvées sur les montagnes ; car, de tous les aspects de la terre, ce sont
les cîmes élevées, ces marchepieds du ciel, que je
préfère. De tout temps, chez tous les peuples, les
hommes ont eu un attrait particulier pour les hauts
sommets. Dieu lui-même a voulu justifier l'admiration qu'ils inspirent en y opérant ses plus grandes
merveilles. Quels souvenirs n'éveillent pas dans
les cœurs chrétiens les noms sacrés du Sinaï, de
Sion, de Gelboé, du Calvaire, du Carmel, du Thabor, ou du Liban ! La folle mythologie consacre
à son tour l'Olympe, le Parnasse, le Cytheron, le
Mont-Ida, etc. En voilà plus qu'il n'est nécessaire
pour justifier mon amour pour les montagnes, et si j'ajoute que mon berceau fut déposé à
quelques mille pieds au-dessus du niveau de
l'Océan, on m'excusera si, dans mon voyage, certains lieux excitent un peu trop mon admiration.

Mais j'y pense, je ne devrais pas avoir besoin
d'excuse, et si je décris des paysages avec enthousiasme, c'est que sans doute ils en sont dignes ; car
enfin, mon goût s'est formé à travers le monde,
et si je dis que les montagnes de la Suisse sont trop
près de l'œil, que les rochers à pic, les glaciers
éternels, leurs masses gigantesques provoquent

de grandes pensées sans éveiller la moindre sensa-
tion de bien-être, il n'en est pas de même des montagnes de mon choix : pour qu'elles me plaisent, il
faut que je puisse dire avec l'Apôtre sur le Thabor :
Seigneur qu'on est bien ici. *Domine bonum est
nos hic esse*, et certes, Saint Pierre avait le goût du
beau : car le Thabor, qui s'élève dans la vaste
plaine de Galilée est couvert d'une riche et odorante végétation ; son sommet n'est qu'un frais tapis
vert de fleurs, d'arbustes et d'arbres superbes.

Laissons le Thabor, qui est un lieu consacré où
l'on serait heureux de vivre : j'ai trouvé dans le
Tyrol, dans la Styrie, dans les Vosges, dans le
Jura, dans l'Auvergne, de ravissantes élévations,
des sites qui m'invitaient à m'écrier avec l'apôtre :
Domine bonum est nos hic esse ; mais je préfère de beaucoup les hauts paysages de mon petit
pays, que je circonscris dans l'arrondissement de
Saint-Etienne.

Cette contrée, de peu d'étendue, appelée autrefois le Jarez, véritable *perle fine*, pour em-
prunter des paroles déjà citées, longtemps enfouie
sous terre, ne se produit encore que sous le rapport de sa valeur matérielle. Et pourtant, quel
pays, en France, dans un rayon aussi circonscrit,
a de plus majestueux tableaux, de plus riches
paysages, un caractère plus sublime, plus saisis-
sant ? Voyez cette ligne onduleuse à l'est, se
profiler gracieusement, sur le ruban bleu du

Rhône ! A l'ouest, la Loire, peu distante encore
de son berceau, se précipite impétueusement,
comme la jeunesse inconsidérée, au début d'une
longue carrière. Au septentrion, mon pays tou-
che au Lyonnais, et un demi cercle de montagnes,
prolongement des Cévennes, le borne à son
midi.

Les paroles qui servent d'épigraphe à ce chapitre, peignent merveilleusement ces lieux d'une
austère mais remarquable magnificence ; de vastes forêts de sapins revêtent partout les larges
flancs de ces montagnes, qui se colorent d'une
teinte azurée : à leurs pieds, de riantes collines,
de profondes vallées abritent des villages et des
hameaux capricieusement échelonnés sur des
pentes pittoresques. Partout enfin se montre une
nature riche d'accidents et d'une physionomie
tranchée.

Le territoire de l'arrondissement de Saint-
Etienne, d'une superficie de 105,500 hectares,
réunit toutes les natures de culture et tous les
produits agricoles, parce qu'il jouit de toutes les
expositions. L'aspect de ses huits cantons, entre-
coupés de montagnes, arrosés d'une infinité de
cours d'eau sillonnés de nombreuses voies de
communication, animés par l'active industrie de
ses habitants, a de quoi réjouir l'économiste

Les cantons montagneux du Bourg-Argental, de
Saint-Geneșt-Malifaux, du Chambon, et une partie

de celui de Saint-Chamond, ne produisent en céréales que du seigle et une petite quantité de
froment. Mais l'exploitation des forêts de pins,
de hêtres et surtout de sapins, alimente une
branche de commerce considérable, dans les communes dont ces forêts occupent le centre. Ajoutons que la fiévreuse industrie, dont la direction
est à Saint-Etienne, s'est répandue dans toutes
les campagnes, qui fabriquent, ici, des rubans,
là, des canons de fusils, ailleurs, divers objets
de quincaillerie. Dans tous les villages, dans les
moindres hameaux, hommes, femmes, enfants,
vieillards, sont utilement occupés, et tous, ont
une teinte de gaîté qui est l'apanage du travail
et de l'aisance. Au Bourg–Argental, à Saint-Pierre-
de-Bœuf, à Pélussin, sur les bords du Rhône, on
se livre avec activité, avec succès, à la culture
du mûrier et à l'éducation du ver à soie. Cette belle
soie, que sa blancheur éclatante et sa fermeté
font rechercher du commerce, se récolte au Bourg-
Argental. Elle est préférable, dit-on, aux produits
de la Chine, d'où le gouvernement tira le ver Sina
en 1780.

Le canton de Saint-Héand produit avec abondance toutes sortes de céréales et de fruits. Celui
de Pélussin, le plus riche en produits agricoles,
voit ses bords riants, qui touchent au Rhône, depuis Serrières jusqu'à Condrieu, et les douces
pentes de ses collines, tapissées de vignes. Le

pays de la houille, du minerai de fer, la terre des grand établissements métallurgiques, véritable séjour des Cyclopes, s'étend sur les cantons de Saint-Etienne, Saint-Chamond et Rive-de-Gier. La contrée houillère, resserrée à peu près dans le bassin du Gier, et presque inconnue il y a cinquante ans, est aujourd'hui la plus remarquablement industrieuse de l'Europe.

Le territoire houiller qui, dans son étendue, forme un tout géologique, appartient à la fois au bassin de l'Océan et au bassin de la Méditerranée. Le point de partage des eaux est situé entre Saint-Chamond et Saint-Etienne. Le Rhône reçoit, par le chemin de fer de Lyon et le canal de Givors, le produit des mines de Rive-de-Gier pour les répandre dans les départements qui bordent son cours et dans tous les pays que traverse le canal des deux mers, tandis que la Loire et le chemin de fer de Roanne transportent aux rives de notre grand fleuve, et dans toute la France centrale et occidentale, les produits de Saint-Etienne.

Une situation topographique si heureuse, ajoutée à diverses circonstances toutes favorables, a produit dans notre arrondissement la révolution industrielle que nos pères ont vu commencer.

Mais en voilà bien assez sur l'industrie de notre pays. Ceux qui voudraient en savoir davantage pourront lire avec profit le remarquable travail

de M. Alphonse Peyret, intitulé : *Statistique industrielle du département de la Loire*, et les ou-
vrages, sur le même sujet, de MM. Hector Dulac,
Duplessis et Hedde.

L'architecture gothique n'a pas, il est vrai, semé
ici ses merveilleuses cathédrales comme dans la
Normandie, ni la renaissance son musée de
châteaux comme dans la Tourraine ; mais l'antiquaire et l'historien trouveront encore là de
précieux débris du vieux temps ; ils suivront avec
intérêt les traces de ces hardis aqueducs romains
que le peuple-roi, toujours grand dans ses en-
treprises, construisit pour conduire à Lyon les eaux
du Gier et du Janon et qu'on rencontre à un
quart de lieue de Saint-Chamond. Ils étudieront
avec respect la vieille église romane du Bourg-
Argental, dont l'admirable portail a été conservé
comme par miracle. Ils interrogeront ses ornements bizarres dont les personnages nombreux
représentent des mystères de la religion ; David
dirigeant un orchestre, les douze signes du zo-
diaque, etc., et ils découvriront peut-être la pensée de l'artiste qui a écrit cette vieille page de
pierre et dont les deux hautes statues qui gardent
chaque côté du portail sont peut-être la clé. Ils
sauront ce que signifie sur la porte cette vigoureuse femme nue, entrelacée de deux serpents
qui lui mordent le sein.

L'église de Saint-Etienne, à laquelle la ville doit

probablement son nom, remonterait au règne de
Childebert, s'il fallait en croire les chroniqueurs.
On ne saurait lui assigner une si haute origine. '
Son âge se trouve écrit d'ailleurs sur ses formes
gothiques du xɪvᵉ siècle. Toute mutilée qu'elle a
été et par les Huguenots et par le passage révolutionnaire, cette église offre un beau modèle des
premiers temps, où l'art gothique se montre pur et
dégagé de toute transition.

Mais le principal sujet d'études archéologiques
aura pour objet les vieux monuments du moyen-
âge, les débris de ces forteresses du baron féodal qui occupa les défilés des montagnes, les
passes des fleuves, et y dressa son nid d'aigle, autour duquel vint se serrer le troupeau tremblant
des pauvres serfs.

On chercherait vainement dans ce rude pays
montagneux les gracieuses demeures que les rois,
leurs favoris ou leurs maîtresses élevèrent sur les
bords paisibles de la Loire, alors qu'elle arrose
les riantes campagnes de l'Orléanais et de la Tourraine. Ici tout est dur et sévère comme la montagne granitique, comme la cuirasse de fer du baron.
Voyez ce qui reste des châteaux de Saint-Chamond,
de Rochetaillée, d'Argental, de Saint-Paul-en-Cor-
nillon, de Malleval, de Roche-la-Molière, Bouthéon, Feugerolles, etc. Ces vieux murs nous
racontent l'histoire de ce moyen-âge, de ce règne féodal, tant calomnié par ce qu'il a été mal

étudié. Dans ces fortes demeures, la plupart en ruines, vécurent les antiques familles de la province, dont les vertus, les hauts faits, quelquefois aussi les actes de barbarie, traversèrent les siècles.

J'avais rencontré plusieurs fois chez M. C..., un fervent ami de l'antiquité qui recherchait avec patience, dans les anciens documents historiques, les traces oubliées des grands noms du pays ; je dus à cet archéologue éclairé et tout rempli de bienveillance, des notes détaillées sur la généalogie des familles de la province ; il me fit rectifier mes erreurs dans l'histoire locale, et peuplait à ma grande joie les murs croulants des vieux manoirs, de leurs anciens maîtres.

— Quant à la famille de Jarez, me disait un jour mon obligeant compatriote, je n'ai pas encore pu voir clair dans son origine. Les chroniqueurs en font une branche des comtes du Forez. Il est probable que son nom lui vient de la rivière du Gier en latin *Giaresium*, et par extension, du pays qui forme l'arrondissement de Saint-Etienne. Quoi qu'il en soit, cette famille est la plus puissante de nos contrées. La ville de Saint-Etienne, les châteaux de Saint-Priest, de Saint-Chamond, de Rochetaillée, de Feugerolles, de Grandjean, faisaient partie de leur comté.

« Vers le commencement du XIVᵉ siècle, Madelaine ou Matalonne de Jarez, seule héritière de sa famille, et dont la tradition a perpétué d'effrayants souvenirs, épousa son cousin germain, Josserand d'Urgel. Dès lors commença le morcellement de la terre de Jarez, dont les divers châteaux passèrent à des branches collatérales.

« Après les de Jarez et les d'Urgel, les Chalus et les Moras, possédèrent le marquisat de Saint-Priest, Saint-Etienne, qui fut enfin vendu à Louis XVI par M. de Voisins, quelque temps avant la révolution, pour une somme de 1,390,000 francs.

« La main de fer des seigneurs de Saint-Priest pesa durement sur le pays, et le peuple conserve encore le souvenir de ces impitoyables maîtres : vaillants et cruels, ils avaient tous les défauts et toutes les qualités des barons du moyen-âge. S'ils pillaient, rançonnaient leurs vassaux ou leurs voisins ; si leurs femmes périssaient de mort violente, la miséricorde de Dieu étaient infinie : ils partaient, à pied, en pèlerinage à Saint-Jacques, à Jérusalem, fondaient ou dotaient des abbayes, et se croyaient pardonnés. Pendant les guerres religieuses, Aymar de Saint-Priest, pour ne pas déroger, j'imagine, rivalisa de cruauté avec le baron des Adrets.

« Mais plus humains, quoique aussi vaillants, se montrèrent les seigneurs de Rochetaillée. Les moins illustres ne furent pas les membres de la famille de Saint-Germain-d'Apchon. M. Camille de Rochetaillée, de la maison de Bernon de Nantas, a hérité du nom de ce fief. Le château est en ruines.

« Celui de Feugerolles, que possédèrent les de Jarez, les de Lavieu, et que restaurèrent les Capponi de Florence, est dans un état satisfaisant de conservation. Mme du Roseil, comtesse de Charpin-Feugerolles, a restauré le berceau de ses pères avec un zèle éclairé et une religieuse vénération. Ses archives fort curieuses, sa galerie de tableaux, ses meubles antiques, son musée de vieilles armures, tout est ouvert à l'artiste voyageur, à l'antiquaire qui témoigne le désir de connaître ces richesses. La noble châtelaine est dignement secondée par son fils, et ils ajoutent chaque jour de nouveaux embellissements à ce curieux monument.

« Vous ne manquerez pas d'aller visiter le château de Cornillon fièrement perché sur son rocher qui domine la Loire. Vous donnerez un souvenir à la vieille famille de Beaudiner, *Belli prandii*, qui posséda depuis les temps les plus reculés jusqu'au XIVe siècle ce féodal manoir. De la famille des de Laire, il passa dans celle des Levis-Ventadour, pour arriver à M. Armand Bayon, vice-président du Tribunal de Saint-Etienne.

« Vous ne sauriez passer indifférent auprès des murs croulants de Chaponost, que posséda le vaillant Philibert de Nerestang, grand-maître de l'ordre de Saint-Lazare et du Mont-Carmel. Là, virent le jour des abbesses illustres, de grands capitaines, de savants abbés, rejetons de cette noble famille de Nerestang. Aujourd'hui, les restes du château sont la demeure d'un marchand de porcs qui fait parquer ses animaux immondes dans les cours d'honneur ! ! ! *O mobilita perpetua delle cose !* s'écrierait Silvio Pellico. O fortune aveugle et traîtresse ! dirait Brantôme.

« Vous verrez encore ce qui reste du puissant château des de la Tour de Varan. Cette famille est probablement issue d'une branche cadette de la maison d'Auvergne ; mais si des preuves suffisantes n'établissent pas cette parenté, les de la Tour de Varan remontent à la plus haute antiquité. Ils nous apparaissent tout d'abord, dans le moyen-âge, comme un arbre gigantesque qui étendait au loin ses vigoureux rameaux. Cette race vigoureuse fournit à toutes les époques de vaillants chevaliers qui moururent pour le pays les armes à la main. Exclusivement vouée à la profession guerrière, cette famille cite avec orgueil, à toutes les générations, quelques-uns de ses enfants morts glorieusement sur le champ de bataille, et, par une circonstance digne de remarque, tous, avant d'avoir atteint leur 35ᵉ année. Pendant la tourmente révolutionnaire, deux têtes des de la Tour de Varan tombèrent sous le couteau sanglant, et plus tard des spoliateurs avides achevèrent la ruine de ma famille.

— De votre famille ? demandai-je.

— Oui, monsieur, me répondit simplement

mon cicerone, je suis un des derniers descendants
des de la Tour de Varan. Les illustres chevaliers
mes ancêtres me reconnaîtraient difficilement aujourd'hui pour un de leurs descendants.

— Mais c'est trop longuement vous entretenir
des miens. Ne quittez pas nos contrées sans avoir
vu Roche-la-Molière, que possédèrent les de Lavieu, les d'Ogerolles, le duc de Charost-Bethune,
et, de nos jours, M. Neyron Saint-Julien ; puis
Bouthéon, qui rappelle les comtes de Forez, les
Guadagne, les Tallard. Argental vous parlera des
Pagans, *Pagani*, qui furent les premiers grands-
maîtres des Templiers ; les Mont-Chenu de *Monte-
Carnuto*, les de Brienne et les ducs de Bourbon.

— Vous le voyez, monsieur, je me plais à peu-
pler nos vieux châteaux de leurs possesseurs. J'é-
tudie les mœurs et les habitudes ; je suis, à travers les siècles, les alliances, les transformations
des familles : c'est ajouter, je pense, de l'intérêt à
nos ruines.

— Assurément, répondis-je, et je vous suis très-
reconnaissant pour les moments heureux que vous
m'avez fait passer.

Je félicitai très-chaleureusement M. de la Tour
de Varan du zèle qu'il mettait à étudier l'histoire
de notre pays.

— Qu'il se trouve quelques hommes animés de
vos goûts et de ceux de M. C..., lui dis-je, et l'on ne
dira plus que les soins matériels de l'industrie et

du commerce absorbent exclusivement nos compatriotes.

Je lui serrai cordialement la main et je partis pour le Mont-Pilat.

M. de la Tour de Varan est mort bibliothécaire de la ville de Saint-Etienne.

CHAPITRE V

> Il est des jours de luxe et de saison choisie
> Qui sont comme ces fleurs précoces de la vie,
> Tout bleus, tout nuancés d'éclatantes couleurs,
> Tout trempés de rosée et tout fragrants d'odeurs ;
> Que, d'une nuit d'orage, on voit parfois éclore ;
> Qu'on savoure un instant, qu'on respire une aurore ;
> Et dont, comme des fleurs, encore tout enivrés,
> On se demande après : — Les ai-je respirés ?
> Tant de parfum tient-il dans ces étroits calices ?
> Et dans douze moments si courts, tant de délices.
>
> *Jocelyn.* — LAMARTINE.

Le soleil ne paraissait pas encore, que déjà mon cheval m'attendait à la porte. C'était un lundi. La journée promettait d'être belle, et la température élevée, depuis quelques jours, me faisait espérer une semaine entière de beau temps. J'étais heureux, oh ! bien heureux ! J'allais passer huit jours sur mes montagnes ; j'allais rappeler mes

rêves de jeune homme, évoquer mes illusions
évanouies et visiter lentement, à mon aise, des
lieux que je n'oublierai pas. L'attente seule de
ces émotions, que je prévoyais, me causait une
agitation dont je ne cherche pas à me défendre. Je
plaindrais sincèrement l'homme privé de cet enthousiasme fiévreux que Dieu nous tient en réserve pour les grandes émotions.

Au revoir donc, ma noire cité ! L'épaisse fumée
de tes milliers d'usines obscurcit mon ciel bleu.
Je vais le chercher là-haut.

Voici, sur ma route, *Valbenoîte, Vallis Benedicta :* Saluons, en passant, l'ancienne abbaye.

Vers le xɪɪᵉ siècle, Benoîte de la Vallette, de la
maison de Jarez, obtint de son père la concession
d'une forêt située aux pieds d'une colline arrosée
par le *Furens*, afin d'y établir des anachorètes.
Ponce de Saint-Priest, Briant de Lavieu, Guille-
mette de Roussillon et Gondemar de Jarez firent
bâtir l'abbaye, qu'ils appelèrent *Vallis Benedicta*,
soit du nom de la première fondatrice, soit de la
règle de Saint-Benoît, que vint y établir en 1184
Dom Hugues, abbé de Bonnevaux en Dauphiné
et disciple de saint Bernard.

L'abbaye de Valbenoîte s'accrut merveilleusement, et ses richesses devinrent considérables.
L'abbé était la première puissance ecclésiastique
de la province, et ses vastes domaines en faisaient
un grand seigneur féodal. La tourmente révolu-

tionnaire a chassé les studieux bénédictins de
leur pieux asile. Aujourd'hui, des milliers d'ouvriers de tout sexe, de tout âge, livrés à la fabri-
cation des armes et de la quincaillerie, ont rem-
placé, dans leurs cellules, les enfants de saint
Benoît.

Je suivais cette admirable route de Sain-Etienne
au Rhône, qu'un patient travail, comme firent
les Romains ou Napoléon Ier au Simplon, a tracée
dans des blocs de granit; je gravissais, joyeux et
ravi, ces gradins de collines d'où s'échappent de
limpides eaux, où se dressent de hautes colonnades
de sapins et que tapissent de verdoyantes prairies. Il n'est pas jusqu'aux rochers sourcilleux,
qu'une nature amie n'ait festonnés de mousse et
d'arbustes. C'était avec un plaisir tout nouveau
que je foulais ma belle terre des montagnes, après
avoir longtemps habité de monotones plaines. Les
aspérités du sol, la grandeur sauvage des sîtes,
cette route royale, frayée au milieu des précipices
et des gorges profondes ; le murmure des petits
ruisseaux qui courent se joindre à l'impétueux *Furens*, les larges harmonies de ces sollitudes, les
formes si variées d'une nature si riche en contras-
tes, me remplissaient de délicieuses sensations.

En traversant le territoire de Saint-Genest-Malifaux, *de Malis falcibus*, je m'arrêtai chez une
jeune parente que j'avais laissée jeune fille, il y
avait douze ans, et que je retrouvais mariée et

mère de famille. Un prétexte banal me permit de me présenter sans me faire reconnaître. Je la vois encore, ma jolie cousine, au moment où ses yeux s'arrêtèrent sur moi. Je lus dans ces regards l'agréable surprise que je lui causais. Elle allait peut-être m'appeler par mon nom, si le sujet de la conversation avec son mari ne lui eut fait penser qu'elle se trompait. Pourtant elle ne me perdait pas de vue pendant que je prenais quelques rafraîchissements. Je la vis se pencher vers son mari et je l'entendis lui dire à l'oreille : *Mon Dieu ! que ce monsieur ressemble à mon cousin !* Que j'eus envie d'aller t'embrasser alors ma bonne Rosalie ! Mais je voulus attendre encore quelques minutes. Nous avions arrangé avec un de ses frères, que je précédais, une représentation *incognito*. Il arriva au moment où je faisais semblant de repartir.

— Vous avez marché vite, monsieur, me dit-il ; je croyais arriver ici avant vous.

— Tu connais ce monsieur, lui dit sa sœur.

— Nous nous sommes rencontrés au bas de la côte. Mais que diable, monsieur, vous êtes donc bien pressé pour partir si vite ?

Les soupçons de ma cousine se changèrent en certitude lorsque son frère eut ajouté :

— Tu ne reconnais donc pas ce voyageur ?

Elle vint se jeter à mon cou et me gronda bien fort de l'avoir trompée. Je l'embrassai en pleurant,

la chère enfant : elle me rappelait si douloureusement sa mère, la sœur de mon père. C'était les
même beaux traits, le même regard, si doux, si
intelligent. Que de joie elle eut à me revoir ! Combien je fus touché des témoignages de son amitié !
Pour me fêter, les enfants, qui étaient en pension,
revinrent pour m'embrasser, et je passai dans cette
maison deux jours de vrai bonheur.

Si Dieu se montre si avare de pareils moments,
je n'en ressens que plus vivement les bienfaits.
Recevez, bons amis, l'expression de ma reconnaissance pour votre amitié si franche, si cor-
diale ! Oh ! je n'oublierai pas les heures que j'ai
passées au milieu de vous ! J'eusse été si malheureux de me voir oublié par ceux que j'ai tant aimés ! Mais il n'en est rien, vous me conservez un
bon souvenir ; merci mille fois.

Je continuai mon voyage par une splendide
matinée d'un printemps de montagne. Le ciel était
serein, l'air tiède et le soleil faisait briller la magnificence d'un paysage que je revoyais toujours
aussi riche. Mon cheval allait au pas, broutant
les jeunes bourgeons des arbustes, et moi, re-
montant délicieusement les années écoulées, pour
arriver aux jours heureux qui avaient fui si rapi-
dement. Un sentier, creusé par les pluies et dont
je connaissais toutes les sinuosités, un vieux tronc
d'arbre, une petite maison où j'allais boire du lait,
m'apparaissaient comme autrefois et me disaient

une bonne page de ma jeune vie. Les senteurs enivrantes de mes fleurs, le chant de mes oiseaux, tous ces sites, tous ces aspects m'offaient de ravissants tableaux.

A mes pieds et au bas du plateau de la *République* coulait le *Furens*, qui, à peine échappé du *Grand-Bois*, bondit et précipite ses eaux de cristal sur les rochers qui forment son lit. Le fougueux torrent, avant d'aller animer les innombrables usines de Saint-Etienne et se faire égoût d'infects immondices, veut bien se détourner de son cours pour mettre en mouvement les modestes moulins à scier les planches. Pauvre orgueilleux ruisseau, va ! tes eaux limpides réfléchissent l'azur du ciel, les étoiles et la lune se baignent dans tes ondes, et des arbustes verts, des fleurs odorantes encadrent tes bords, tandis que là-bas, l'industrie avec ses usines noires, t'attend ; elle ne te quittera qu'après t'avoir exploité, divisé et altéré de toutes les façons : tu es bien l'image de ce que nous appelons le monde, où nous entrons purs et sans taches, mais où notre robe blanche du jeune âge reçoit en chemin de nombreuses marques boueuses.

J'aperçois le clocher de Tarentaize, et derrière, l'humble presbytère. Arrêtons-nous ici. Je vins en ce village, vers 1819, continuer de pauvres études sous le bon M. Préher, curé de la paroisse. Tous mes condisciples s'offrent à ma mémoire et

j'embrasse, par la pensée l'ensemble de ce petit
collége. Où sont tous ces camarades d'études et
de jeux? Hélas! plusieurs sont morts! les autres auront creusé durement aussi le sillon de
la vie.

Voilà bien les mêmes choses qu'autrefois : les
bois toujours verts, la mousse toujours douce et
les fontaines toujours fraîches. Que j'éprouve de
bonheur à me promener seul et rêveur, dans ces
lieux où je jouais si souvent ! C'est bien là le pin
d'où je suis tombé en voulant attraper un écureuil ;
ce sont bien les mêmes maisons qui abritent la
modeste église, et la grange où se faisaient nos
distributions de prix existe aussi. Elles étaient
assurément magnifiques ces solennités qui nous
annonçaient les vacances. Nous prononcions de
beaux discours, de pompeux plaidoyers, et nous
jouions des pièces du père Ducerceau. J'ai conservé une rancune profonde à un certain *Esope*
au collége, de ce jésuite, que nous jouâmes une
année. Je remplissais le rôle de *Megabisus*, seigneur de la cour de Perse ; j'avais une douzaine
d'années et une taille de quatre pieds. Je n'étais
pas certes un très-majestueux seigneur ; il est
vrai que mon costume ajoutait singulièrement
aux avantages physiques qui me manquaient. On
m'avait envoyé de Saint-Etienne un superbe habit
galonné, dans lequel seraient entrés deux *Mega-*
bisus de ma façon. Un grand chapeau à gance

d'argent et une épée plus haute que moi accompagnaient l'habit ; des bandes de papier doré dé-
coraient mon pantalon d'écolier. Nous entrons en
scène, Esope, avec ses deux bosses bien condition-
nées, et les autres personnages costumés tels
quels. J'étais seul éblouissant, et lorsqu'un personnage de la pièce m'adressa ces mots : *Est-ce
Megabisus ?* je répondis avec une étonnante dignité : *Oui, lui-même en personne.* J'avais fini
de parler et je me retirais derrière la scène, tout
fier de mon succès. Hélas ! le Capitole est près de
la roche Tarpéienne ! Mon épée s'embarrasa entre
mes jambes, je vins tomber lourdement aux pieds
des personnages que je quittais ! Si je fus morti-
fié, Dieu le sait ! Je me relevai : mon épée ma-
lencontreuse était en deux morceaux, et les bords
orgueilleusement relevés de mon chapeau s'é-
taient fendus en frappant contre une planche. Il
m'en coûta vingt francs pour réparer ce désastre ;
vingt francs ! dont j'avais si bien réglé l'emploi
pour de joyeux amusements. Je donnai de bon
cœur au diable le chapeau, l'épée, *Megabisus*
et tout le monde ; pour comble d'infortune, je
n'eus qu'un pauvre *accessit.* Oh ! que j'étais à
plaindre !

La vue de cette grange, témoin de mon humilia-
tion, me rappela cruellement ma chute et les sui-
tes pénibles qu'elle eut pour moi. J'y laissai donc
volontiers l'impression de la solennité, qui fut

pour moi si humiliante, et je repris à la porte, pour
les continuer, mes joyeuses récapitulations.

Je fus obligé de partir sans avoir pu saluer mon
vieux professeur, M. Preher, qui était absent : je
le vois encore avec sa bonne figure ouverte qui
annonçait sa grande bienveillance. Comme nous
l'aimions tous ! et comme il nous le rendait avec
usure ! Quelles attentions il avait pour nous ! quel
intérêt il savait donner à ses leçons ! Les vieux
classiques latins lui étaient aussi familliers que
son bréviaire, et Horace et Virgile n'eurent jamais
un meilleur interprète. Le bon curé cachait son savoir, très-réel, sous une modestie trop rare, pour
n'être pas admirée. C'est un devoir pour moi de
lui donner ici un témoignage de ma respectueuse
affection, car je lui dois d'avoir appris sous sa direction à étudier, et c'est beaucoup.

Les ombres des grands sapins qui s'allongeaient
derrière moi me firent presser le pas, afin d'arriver avant la nuit close à Pilat. Je traversai l'agreste
village du Bessat, et je lui demandai, en courant,
des nouvelles de ses foires des mois de juin et
d'août, si bruyantes, si animées, et où nous allions
voir le beau monde villageois en habits de fête.

Ce village a eu sa page historique que je veux
signaler en passant :

Par une matinée de la fin du mois de mai de
l'année 1570, les pauvres habitants du Bessat se
rendaient comme d'habitude à leurs travaux des

champs, lorsqu'un singulier bruit, qui n'avait
jamais frappé leurs oreilles, vint les glacer de
terreur. C'était des cris étranges suivis de décharges
de mousqueterie, et bientôt ils virent déboucher,
de la direction de Saint-Etienne, une nombreuse
troupe de soldats poursuivis vigoureusement.
La troupe s'arrêta à quelques centaines de pas
du village et se rangea en bataille pour disputer le
petit défilé du Bessat.

Voici les chefs : Ce sont deux hommes fièrement trempés.

Le premier avait une figure où se lisait la
noblesse de race et de sentiment ; son nom
occupe une grande place dans l'histoire du XVIᵉ
siècle, il se rattache à tous les événements qui
ébranlèrent les trônes et les autels. L'histoire de
ce guerrier est celle de cette époque fatale, où il
apparaît au premier rang des victimes d'une lutte
terrible et sanglante : c'était l'amiral *Gaspard de
Coligny*.

Le second avait des traits fortement prononcés
et naturellement durs ; ses sourcils épais et qui
commençaient à grisonner ombrageaient de grands
yeux noirs pleins de feu et rendus plus vifs par
l'enfoncement des orbites. Une barbe noire parse-
mée de poils gris lui tombait presque sur la poitrine ; il portait un casque d'acier sans visière et
la devise : *Impavidum ferient ruinœ,* un juste-au-
corps de buffle, une cuirasse d'acier ternie par la

rouille, une épée de forme antique si lourde qu'on ne pouvait s'en servir qu'en la tenant des deux mains.

Cet équipement annonçait un guerrier peu soucieux de son extérieur, et le ton bref, dur et hautain avec lequel il donnait ses ordres devait en assurer la prompte exécution : il s'appelait François de Beaumont, baron des Adrets. Les habitants du Dauphiné et du Forez ne prononçaient son nom qu'en frémissant. Jamais capitaine ne porta plus loin que lui l'intrépidité, l'activité et les autres vertus guerrières ; mais aussi jamais gentilhomme ne porta si loin sa vengeance. Tout le monde connaît ses sanglantes exécutions, qu'il faut attribuer à la haine ou à une espèce de délire plutôt qu'au fanatisme religieux. Son âme se peint dans sa maxime de prédilection, suivant la Popelinière, *que le mal rend presque tous les hommes plus traitables et mieux reconnaissant leurs devoirs en toutes choses, que toutes les vertus dont on saurait user en leur endroit.*

Le chroniqueur local Beneyton, dont le manuscrit m'a été communiqué par M. C.., rend compte en ces termes de la bataille du Bessat :

« Le 18 mai 1570, les gens de la religion prétendue réformée, conduits par l'amiral Châtillon de Coligny, surprirent la ville de Saint-Etienne, travestis en femmes, et y firent leur séjour pendant dix-huit jours, en attendant la guérison de la ma-

ladie dudit amiral, causée par la beauté des dames
de cette ville. Il fit sa demeure dans la maison des
Fontvieille, qui est celle des Allard, à l'enseigne
du *Cheval-Blanc*, au pré de la Foire. Il plaça son
camp au-dessus de l'Heurton. Ils firent un grand
ravage par pillage et saccagement, car ils empor-
tèrent tout ce qu'ils purent, tant de l'église, maison curiale, que de celles des prêtres, en reliques,
contrats, papiers et documents.

« Le baron des Adrets et Sarra vinrent d'Aube-
nas pour joindre ledit amiral. Ce fut pour lors
qu'ils ruinèrent l'abbaye royale de Valbenoîte et
firent un grand dégât tant dans la ville qu'aux environs, où ils firent un gros butin.

« M. Aymard de Saint-Priest, avec le seigneur
de Saint-Chamond, les poursuivirent avec vigueur ;
les ayant rencontrés dans un défilé près du Bessat, où dans cette surprise ces hérétiques y péri-
rent presque tous et où on leur enleva une bonne
partie de leur butin. La bataille du Bessat fut célèbre dans les annales stéphanoises. »

La tradition du pays a confirmé le dire de notre compatriote Beneyton. Le choc des deux ar-
mées fut terrible. Les huguenots restèrent presque tous sur le champ de bataille, et le lieu du
combat fut appelé le *Lieu-des-Morts*, qu'il conserve encore.

Les noms de *Citadelle*, de *Camp*, du *Palais*,
donnés à des villages ou à diverses localités dans

la commune de Tarantaize porteraient à croire
qu'à l'époque des guerres religieuses les généraux de l'un où de l'autre parti y auraient séjourné
pour garder le passage de ces *Termopyles foré-
ziennes*.

Ce petit village du Bessat, suspendu sur la
croupe du versant occidental du Pilat, envoie ses
eaux dans l'Océan et dans la Méditerranée. Il a
été détaché de Tarantaize et possède aujourd'hui
son maire et son curé. On croira difficilement que
la révolution, celle qui commença en 89, ait
ruiné, ou si mieux aimez, accru la misère de ces
pauvres montagnards. C'est pourtant la vérité.
La puissante *Chartreuse de Sainte-Croix* possédait l'immense forêt du *Grand-Bois* et de nombreuses fermes où les petites gens trouvaient le matériel de la vie. Les nouveaux enrichis ont acheté
les bois et les fermes, et ils donnent moins que
les moines, m'assure-t-on, pour ne pas humilier sans doute, par une aumône avilissante, les
montagnards émancipés, libres et égaux aux rois
de la terre. A la bonne heure !

Un homme plein d'énergique vouloir et de bienveillantes intentions est venu en aide à ses compatriotes. Avant 89, s'étendait jusqu'au sommet
du Pilat une grande forêt de sapins, propriété
communale. Pendant les jours de désordre, les
bois furent abattus et la forêt détruite par tous
nos petits souverains en sabots. C'était pitié, je

vous assure, de voir les troncs blanchis de ces
beaux sapins coupés à hauteur d'homme ; au
moyen-âge, on eût dit à hauteur d'infamie, et qui
ressemblaient de loin à des fantômes blancs. Depuis la destruction de la forêt, le libre paccage des
bestiaux, les journaliers pillages des frêles rejetons, s'opposaient à un nouveau reboisement.

M. Matricon pensa que si on parvenait à opérer
le partage, sa commune en obtiendrait une bonne
part et la forêt se repeuplerait. Il s'est mis à
l'œuvre et il en est venu à bout. Il a bien travaillé
pendant dix ans, et rien ne lui a coûté pour atteindre ce but. Aujourd'hui, tout le monde est
content, tout le monde bénit le généreux maire
du Bessat, qui, en facilitant l'aménagement d'une
vaste étendue de forêt, a bien mérité et de ses
compatriotes et de l'administration.

Si le chemin du Bessat à la Grange-de-Pilat ne
m'eût été bien connu, je m'y fusse égaré vingt
fois, tant l'aspect des lieux avait changé depuis
douze ou quinze ans. Aux rares bouquets de hêtres rabougris et broutés par les bestiaux avaient
succédé de jeunes et vigoureux sapins qui gar-
nissent abondamment toutes ces côtes, naguère
si nues.

Je parcourais lentement ces lieux, bercé doucement par l'allure paisible de mon cheval, qui
semblait s'associer à mes flâneries rêveuses. J'in-
terrogeais les bûcherons, les jeunes bergers ;

j'écoutais avec attendrissement un air champêtre qui emportait en m'arrivant mes tristes années d'homme fait, et je saluais l'oiseau de ma connaissance qui fêtait mon entrée dans ces chers déserts.

C'est ainsi que j'atteignis le sommet du Pilat, les pensées perdues dans les nuages balancés par le vent du soir. Tout était vie, agitation, bonheur dans la forêt : de nombreux insectes dansaient aux rayons pourprés du soleil couchant, et l'escarbot s'élevait en bourdonnant du milieu des hauts gazons qu'une brise fraîche roulait en molles vagues. Je foulais sous mes pas des fleurs odorantes, et l'air tiède m'apportait de suaves parfums. Le silence n'était troublé que par le mouvement des êtres divers qui ajoutaient par leur concert joyeux à la magnificence de la montagne.

J'étais arrivé à la porte de la maison appelée la *Grange-de-Pilat* que je me croyais encore au milieu des bois du Bessat.

CHAPITRE VI

Pilat.

> Mon Dieu ! tout ce que je vous dis là
> est vulgaire, je le sais ; tout cela, c'est
> un peu le vers de M. de Lamartine ;
> mais que voulez-vous qu'on fasse de
> cette poésie du grand chemin et du pe-
> tit village, quand on la touche du doigt
> et du cœur.
> ..... Que faire alors ? Suivre l'exem-
> ple de Lamartine, de tous les grands
> poètes, s'abandonner à son émotion
> sans la combattre, l'avouer tout simple-
> ment sans cacher ses larmes, puis de-
> mander pardon à Dieu et aux hommes
> si on n'a pas là poésie de Lamartine
> dans la tête et dans le cœur.
>
> *Voyages à Brindes.* — JULES JANIN.

La Grange-de-Pilat est une pauvre habitation
ouverte à tous les vents en hiver et fort désagréable en été, où habitent, dans un rapprochement
nauséabond, le fermier, sa famille, ses animaux.
C'est pitié, après avoir traversé les prairies odorantes, foulé les tapis émaillés des mille fleurs
de la montagne, de venir s'abriter dans cette ma-
sure, où la malpropreté annoncerait la plus

complète misère, si on ne savait pas que les fermiers du Pilat sont loin d'être dans le besoin ; mais
cet état de choses tient à des habitudes généralement pratiquées non-seulement dans notre petit
pays, mais encore dans la France entière. J'avais
fait sur ce sujet des réflexions en visitant les
provinces ; elles me revinrent en mémoire à mon
arrivée dans la ferme, et je les consigne ici, ne
fût-ce que pour nous enseigner un peu de modestie à l'égard des autres nations, que nous traitons
fort dédaigneusement [1].

— Oui, assurément, la France est un beau
pays, me disais-je : la fertilité de son sol, la prospérité de son industrie, la richesse de son commerce, son heureuse situation sous les latitu-

---

[1] Depuis deux ans, la ferme de Pilat a changé de maître et de
fermier. Le nouveau propriétaire est bien connu dans notre
département de la Loire ; des qualités éminentes lui ont acquis
l'estime de tous ; il aura toujours un droit incontestable à la
reconnaissance des déshérités des biens de ce monde.
Les fermiers sont deux hommes jeunes et de bon vouloir, qui
se sont associés pour l'exploitation de l'hôtel et de la ferme de
Pilat. On me saura gré de leur consacrer quelques mots pour les
présenter aux voyageurs.
Ce sont deux beaux-frères : Benoît Duculty et Jean-Baptiste
Prier. Ce dernier, intelligent et travailleur, a épousé la sœur de
Benoît. Vous chercheriez vainement une femme plus active, plus
avenante et d'une propreté plus recherchée. C'est une grande,
belle et jeune personne, dont tous les visiteurs de Pilat se louent :
elle fera la prospérité de cet établissement.
Benoît, son frère, n'a rien du paysan épais et retors : sa figure
ouverte annonce la franchise et la bonne humeur d'un caractère
sympathique ; son accueil empressé, gracieux, lui fait de nombreux amis parmi les étrangers qui visitent la montagne. Quoique jeune encore, c'est pourtant un vieux soldat, qui a fait non
sans honneur et sans péril les campagnes de Crimée et d'Italie,
d'où il a rapporté la médaille.

des tempérées, en font une contrée d'immenses
ressources ; ses beaux-arts, sa littérature, ses monuments, ses villes opulentes, sa population ho-
mogène, sympathique, généreuse, vaillante sous
les armes, la rendent un objet d'envie, de jalou-
sie et de crainte pour ses voisins, qui pourtant
s'efforcent en vain de l'imiter. Sa place est à la
tête des nations ; et on a pu dire avec raison que
sous le moindre de ses mouvements le monde
s'agite. Oui, tout cela est vrai ; mais pourquoi
faut-il que chez un peuple aussi favorisé on rencontre, dans les campagnes, tant d'incurie, tant
de négligence pour les mesures de propreté et de
bien-être matériel ? Il n'est pas de pays où ce vice
soit plus choquant. Dans toutes nos provinces,
les villages, les hameaux, les habitations des
paysans sont des masures où la malpropreté le dispute au désordre. Ces villages, ces hameaux, sont
des groupes de maisons ignobles, entassées au
hasard au milieu des fumiers, des immondices et
du cloaque des rues ou ruelles. Les écuries sont
des égoûts, les bestiaux y étouffent, y pourris-
sent.

Le paysan, nous devons le dire, n'a pas plus de
souci de sa demeure que de celle de ses bêtes.
Si vous entrez dans son habitation, la mauvaise
odeur vous suffoque, des loques de sales vêtements pendent et s'étalent à la vue : dans un coin
les vases débordent d'eau malpropre et de laitage

en fermentation. Les meubles sont ternis, maculés, les lits sont des chenils, et, dans ce milieu de fièvres pestilentielles, grouillent des enfants chétifs, rabougris, qui, à l'âge de vingt ans, donneront des avortons au lieu de soldats. Consultez les statistiques, les tableaux des révisions : chaque année, les préfets signalent les populations où, sans arriver au contingent demandé, on épuise la liste du tirage. Ce mal est assurément général en France ; je n'en excepte que la Vendée, ce no-ble pays, tant méprisé, tant calomnié par l'école révolutionnaire, et où j'ai vu la propreté, la bonne tenue, le goût dans les plus pauvres ménages. Nos paysans se logent et vivent un peu plus mal que les animaux de là Suisse et de l'Allemagne. Ceux qui ont voyagé dans ces deux contrées et qui ont vu, de plus, l'Angleterre et la Hollande, ne me contrediront pas.

Mais quel remède apporter à un mal qui a des résultats si funestes pour la santé publique et la prospérité du pays ?

Il y en aurait plusieurs d'efficaces, si on voulait les appliquer.

Les préfets d'abord, dans leur département, pourraient avoir une salutaire influence sur les populations rurales ; mais il faudrait que ces administrateurs fussent jeunes, qu'ils puissent monter à cheval dans l'occasion, et visiter les bourgs, les villages, les hameaux, afin de s'assurer par eux-mêmes des besoins à soulager et des habitudes à détruire. Un préfet connaît toujours les chefs-lieux de ses cantons, où l'amène chaque année le conseil de révision ; mais les communes, les hameaux, etc., lui sont aussi inconnus que les huttes de la Nouvelle-Hollande ; et pourtant, si ces fonctionnaires pouvaient se dévouer à cette œuvre de charité et de philanthropie réelle, que de bien n'opéreraient-ils pas ! Et si le temps leur manquait pour voir par leurs yeux, ils pourraient nommer des commissions de salubrité rurale qui leur seraient d'un grand secours. Dans les grandes villes, ces commissions signalent les logements insalubres, et le gouvernement, qui provoque les améliorations dont profitent les classes ouvrières, s'intéresserait également, n'en doutons pas, au sort des classes agricoles s'il connaissait leurs misères.

Les *bourgeois*, propriétaires de biens ruraux, de bois, de terres, de domaines, s'ils entendaient leurs vrais intérêts, feraient construire des fermes commodes, des bâtiments d'exploitation où la propreté et l'ordre seraient faciles à entretenir ; ils y veilleraient du reste et en feraient une des conditions de leurs baux. Les voisins, voyant le bon exemple à leur porte, auraient honte du désordre et de la malpropreté de leurs habitations, et peu à peu ils prendraient de meilleures habitudes.

Les Sociétés d'agriculture, les Comices agricoles ont des prix pour les bœufs, les chevaux, les vaches, etc., pour les valets de charrue, les cultivateurs qui acclimatent une nouvelle plante fourragère, pourquoi ne décerneraient-ils pas une récompense à **un** paysan, à une ménagère, dont les maisons, les granges, les écuries, les cours, etc., seraient tenues proprement ?

Les commissaires de police des cantons, qui rendent dès à présent de grands services, seraient tout à fait dans les conditions pour coopérer à cette œuvre. Ils signaleraient les améliorations à l'autorité, donneraient des conseils et feraient des remontrances aux négligents.

Il est du devoir des maires de s'assurer si la santé de leurs administrés n'est pas compromise dans des logements infects. La bonne tenue des rues dans les villages, des placés et des passages dans les hameaux fait partie de la voirie et rentre dans leurs attributions. Si le gouvernement vient au secours des individus qui ont éprouvé des pertes dans une épizootie, une grêle, une inondation, à la prière du maire de la commune, il s'intéresserait au sort des malheureux qui végètent dans des réduits puants et malsains. Avec peu d'argent, on ferait réparer, assainir les maisons des pauvres. Ceux qui possèdent quelque bien ne voudraient pas être plus mal logés que ceux qui n'ont rien ; ils s'empresseraient de

profiter de la leçon que l'autorité leur donnerait.

MM. les curés des paroisses auraient des rai-
sons de haute moralité à faire valoir : ils diraient
aux hommes, que l'ordre et la propreté sont des
sources d'économie, et que lorsque tout est bien
tenu à l'extérieur, c'est une preuve de paix inté-
rieure. Ils leur montreraient les maladies, les infirmités qui attaquent leurs enfants, qui les attaquent
eux-mêmes dans un milieu où l'air est vicié. Aux
femmes, ils feraient comprendre qu'une maison
saine, propre et bien rangée, des enfants soignés
dans leur nourriture et leurs vêtements, leur coucher, etc., seraient agréables au mari, qui se plai-
rait dans sa maison et ne la déserterait plus pour
fréquenter les cabarets. Il est aisé de comprendre
qu'un pauvre travailleur des champs qui trouve,
à la fin de sa journée, sa maison reluisante de propreté, sa femme accorte et proprement vêtue, ses
enfants joyeux et bien portants, serait retenu par
de doux liens à son modeste foyer et qu'il n'irait
pas chercher au cabaret, les distractions qu'il
trouve dans sa maison.

Avec ces moyens et d'autres encore que propo-
seront les personnes éclairées, on fera disparaître
un mal trop réel, et si on ne ramène pas l'Age d'or
dans les campagnes, du moins aura-t-on contri-
bué à y faire revenir la joie et la santé.

Quant à la ferme de Pilat, elle devrait être re-

construite sur un nouveau plan et dans de meilleures conditions ; quelques années suffiraient seu-
les, pour faire rentrer le capital employé, et les
revenus s'occroîtraient dans une proportion qui
dépasserait toute prévision. Je dirai plus bas quel
intérêt doit s'attacher à notre montagne, en raison de son heureuse situation, de son immense
plateau de prairies, etc. Les simples voyageurs
curieux, les riches désœuvrés, les naturalistes, les
peintres, les poètes, certains malades qui ont besoin d'air pur, accourront en foule et séjourne-
ront s'ils trouvent à se loger[1].

Je suis d'autant plus persuadé que ce concours
ne manquera pas chaque année, dans les beaux
jours, que je puis invoquer ce qui se pratique
sur quelques montagnes de la Suisse.

Quand je parle de la Suisse, je ne veux certes
pas la proposer pour modèle à mon pays.
Il fut un temps où de fières vertus l'élevèrent bien haut sous l'influence des croyances ca-
tholiques. Aujourd'hui, la pauvre Suisse ne sait
plus où elle va. Dans ses aspirations désordonnées,
le peuple s'est fait Dieu, et cette belle fraternité,
dont les traces séculaires seront son honneur et
sa gloire, est brisée. La bonhomie traditionnelle
des habitants n'est plus qu'un leurre à l'avidité,

---

[1] Dernièrement des réparations ont été faites aux bâtiments
de la ferme et les rendent habitables

et qui sait, son antique probité est peut-être à jamais perdue !

Mais, sans nous préoccuper de la nouvelle organisation helvétique et de la rapacité de ses aubergistes, il est permis de louer l'intelligence de ces montagnards dans l'art d'attirer et de retenir chez eux les voyageurs qui dépensent. Les hôtels de la Suisse sont de vrais palais ; le service y est parfaitement entendu et la propreté recherchée. Sur les points les plus remarquables de ces montagnes, dans les sites les plus agréables, s'élèvent de superbes édifices qu'un monde de riches promeneurs encombre pendant la saison d'été.

Je ne veux ici dire un mot que du Righi. Cette montagne s'élève entre le lac de Zug et celui des Quatre-Cantons, et n'est qu'une arête qui surplombe le canton et le lac de Zug. Du reste, point de forêts, pas d'ombrages, point de fraiches prairies, de limpides eaux, et pourtant, chaque année, plus de 50,000 mille désœuvrés font l'ascension du Righi pour voir *lever le soleil*, entendre sur la corne d'Uri le *ranz des vaches*. J'avouerai sans peine que la vue est belle : elle s'étend sur les cantons de Lucerne, de Zug, de Schwitz, d'Unterwald, d'Uri, sur le Mont-Pilate, sur cet admirable lac des Quatres-Cantons, où se passent les principaux épisodes de la vie légendaire de Guillaume-Tell, sur la petite prairie de Grutli, qui rappelle les noms de Walter Furst,

d'Uri, de Werner, de Schwitz, d'Arnold de Winkel-
rield, d'Unterwald. Mais à part les souvenirs historiques, qui ont bien leur charme, quelle diffé-
rence avec l'immense prairie en fleurs de notre
Pilat et la crête nue du Righi ! Cependant, on a
construit sur ce sommet pelé une vaste hôtellerie,
qu'on augmente toutes les années et qui est abondamment pourvue de tout le confortable possible.
Cet hôtel est commodément disposé et peut loger
plusieurs centaines de personnes. Un télégraphe
électrique communique du Righi à Lucerne, car
avant de partir pour l'ascension, il est prudent
de retenir des logements si on ne veut pas coucher à la belle étoile. Ce télégraphe sert encore à
commander des provisions pour les cas imprévus.
Les cuisiniers, en grand nombre, s'acquittent
très bien de leurs fonctions, et la bonne chère, qui
n'est pas à dédaigner sur les hauteurs, y a toute
satisfaction.

Depuis ma visite au Righi, on a construit un
chemin de fer qui conduit au sommet.

Il peut arriver, et j'en parle en témoin, que le
matin où la corne sonne le réveil, pour vous invi-
ter à saluer le soleil levant, vous ayez un jour de
pluie et de brouillard. Cet événement n'est pas
rare sur les montagnes ; alors on se réunit dans
les salons, on lit les journaux, on fait de la musique, on danse au piano, on joue au billard. Les
heures s'envolent avec la pluie, le beau temps re-

naît et vous redescendez après avoir vu lever le
blond Phébus.

Un télégraphe électrique, un hôtel-palais, des
cuisiniers experts, des salons, des billards, un
piano, etc., ah ! que nous sommes loin de la
Grange-de-Pilat !

Je n'ai pas l'espérance de voir se réaliser sur
notre montagne les merveilles du Righi. En
France, nous n'arrivons que longtemps après les
autres aux tentatives de progrès pratique ; mais
au moins pourrait-on créer, par action si vous voulez, une maison commode qui ferait venir *la mode*
d'un voyage à Pilat et qui, en invitant les voyageurs, les retiendrait pendant le mauvais temps.

Je dois être en-deçà de la vérité, en portant à
50,000 le nombre des visiteurs du Righi. Suppo-
sons que la dépense faite à l'hôtel par chaque individu soit, en moyenne, de 10 francs, ce qui
est loin d'être exagéré, le maître d'hôtel comptera
une recette de 500,000 francs. Admettons qu'il
n'arrive d'abord que 5,000 voyageurs par an
à Pilat, la recette serait de 50,000 francs, et
si on dit qu'il faut la moitié de cette recette pour
couvrir les frais, le bénéfice sera encore de 25,000
francs. Quand le nombre des visiteurs atteindra
10,000, on aura 100,000 francs. On augmen-
tera toujours, d'année en année, à mesure que
la mode proclamera plus haut, que Pilat est un
agréable rendez-vous de bonne et joyeuse société.

En attendant la réalisation de mon projet, qui
ne demande qu'un ou deux spéculateurs expérimentés, je ne trouvai dans la *Grange* qu'un morceau de jambon pour apaiser un appétit violemm-
ment excité par l'air vif de la montagne. J'eus un
vrai lit d'anachorète, dans lequel je réveillai de
nombreux escadrons d'animaux affamés. A bout
de patience, je quittai ma chambre inhospitalière
pour aller respirer sous la grande voûte du ciel.

Le temps était serein, la voie lactée comme un
léger nuage s'allongeait dans le ciel, un doux
rayon partait de chaque étoile pour venir jusqu'à
moi, et lorsque j'en examinais une attentivement,
ses compagnes, comme des coquettes jalouses de
mon exclusive attention, semblaient scintiller plus
vivement. Je marchais au milieu du silence de tous
les êtres. Un faible vent du Midi et la grande harpe
éolienne de la forêt, dont le souffle du zéphir
faisait vibrer les cordes, rompaient ce silence.

Je trouvai un endroit abrité de toute part où je
pus à mon aise contempler le ciel étoilé ; mais la
fatigue l'emportant sur mon ardeur de contemplation, je m'enveloppai dans mon manteau et je
m'endormis. Je n'ai pas oublié le songe qui vint
agiter mon sommeil.

Un songe. (Me devrais-je inquiéter d'un songe !)

Je voyais à quelque distance un léger nuage qui
s'approchait peu à peu de moi et qui recouvrait

comme d'un voile transparent des hommes et des femmes ; les femmes étaient jeunes, jolies. Je ne saurais décrire le sentiment que leur aspect me fit éprouver. Leur physionomie rayonnante de bonté, de bienveillance, avait le charme des premières illusions. Je leur tendais les bras ; mais les hommes vinrent s'interposer et je ne vis plus que des figures grimaçantes, qui m'adressaient des paroles de menace et d'ironie.

— Anges du ciel, m'écriais-je, n'êtes-vous pas les messagères du bonheur, ne venez-vous pas me rappeler mes plaisirs passés et mes doux rêves de l'avenir ? Déployez vos ailes et emportez-moi.

— Pas encore, vociféra un horrible personnage, qui semblait commander à l'affreuse bande des hommes ; la vie serait chose trop désirable si l'on pouvait ainsi échapper à notre domination ; mais nous savons y mettre ordre. Dis adieu à ces anges de tes rêves, qui t'abandonnent. Je préside aux destinées humaines et je ne te trompe pas en t'annonçant des épreuves et des combats.

Le nuage d'abord si brillant devint épais ; ces hommes à l'air redoutable semblaient se précipiter sur moi. Je faisais des efforts désespérés pour leur échapper. Je parvenais quelquefois à rompre leurs rangs et je revoyais un instant, dans un coin du ciel, mes anges qui s'enfuyaient. Je croyais pouvoir échapper aux démons qui s'avançaient toujours ; hélas ! je me trompais. Déjà je sentais

l'haleine empestée et bruyante du chef qui m'avait
parlé. Je crus que sa main me saisissait ; l'horreur que j'éprouvai me fit pousser un cri furieux,
que répétèrent les échos du vallon que je dominais.
J'étais réveillé et j'aperçus une belle génisse qui
rôdait autour de moi et que je venais d'épouvan-
ter ; elle s'était échappée du parc où l'on renferme
ses semblables pendant la nuit ; c'était son haleine que j'avais sentie et peut-être sa langue
m'avait effleuré. Oh ! que je respirai avec bien-
être à mon réveil.

— Ainsi, me disais-je en rappelant mes pensées, la solitude, le silence de la nuit, l'éloigne-
ment des hommes, ne suspendent pas les soucis
de l'existence. Dieu le veut, la vie est un combat.

Il faisait grand jour, et l'Orient, qui s'embrasait,
annonçait un splendide soleil. La montagne repa-
raissait avec son manteau de verdure et j'attendais
le *lever du soleil.* Je le vis bientôt, le roi des as-
tres, s'élever majestueusement au-delà des Alpes
dont il faisait étinceler les glaciers, et son disque
radieux, qui semblait sortir d'un océan de feu,
vint m'inonder de lumière et rendre la vie au tableau sublime qui se déroulait à mes yeux.

Le *lever du soleil* à Pilat, vers la fin de juin, est
la scène la plus riche que je connaisse. Qui pourrait décrire dans le langage des hommes la magnificence de ce spectacle ? Quel peintre retracerait
cette étonnante variété de formes, de couleurs ?

Que ces lieux sont sublimes, ô mon Dieu ! et que je plaindrais le cœur qui demeurerait froid en présence de ces beautés : *Quam dilecta tabernacula tua Domine !*

Mon hymne matinal avait rafraîchi mes idées en me faisant oublier mon rêve. J'arrivai à la *ferme*, ou plusieurs verres d'un lait délicieux me remirent tout à fait. Après avoir pris quelques notes, je me suis mis à lire une multitude d'inscriptions, où la sottise le dispute à l'ignorance pour la plupart et qu'on s'est plu à tracer sur les parois des murs et sur les boiseries ; il s'en trouve pourtant quelques-unes qui s'éloignent du mauvais goût général.

Je ne citerai que les quatre vers suivants, que je lus sur une planche transversale d'une alcôve, et qui me causèrent un moment de doux souvenirs :

Septembre 1824.

Si l'un de nous un jour, de ces monts solitaires,
Revenait respirer les zéphirs salutaires,
Son cœur tressaillera, retrouvant sur ce bois
Nos trois noms réunis,   S. P. L.

Il y a quinze ans, nous étions là, trois camarades de classe, dépensant joyeusement quelques jours de nos vacances. Les années ont passé, et à peine sais-je que l'un de mes deux amis est vivant. Je n'ai plus revu le second, et j'ignore ce qu'il est devenu. Je passai longtemps à rêver sur ces qua-

tre pauvres vers qui me rappelaient une heureuse
époque de ma vie. Je ne saurais dire le charme que
j'éprouvais à m'abandonner à de mélancoliques
rêveries. Deux noms et quatre vers m'avaient ra-
jeuni de quinze ans. Tous mes camarades d'étude
vinrent défiler devant moi, et à en juger par leur
extérieur, ils étaient tels qu'ils le faisaient espérer ;
car pour un esprit observateur, la vie de collége
est la première page de la connaissance si difficile
des hommes. Les défauts comme les bonnes qualités dans le jeune âge sont d'autant plus faciles à
connaître, qu'alors on y met plus de franchise.
Aussi se trompe-t-on rarement entre condisciples
sur les jugements qu'on porte les uns des autres.
Ceux que nous avons connu fourbes, dissimulés,
nous apparaissent menteurs, hypocrites dans le
monde ; les glorieux sont devenus ambitieux, etc.
Mon excellent condisciple P... est resté bon :
son âme ouverte à tous les nobles penchants s'est
conservée pure au milieu de la vie du monde. Quel
plaisir j'aurais à le voir, à le remercier de l'amitié
généreuse dont il m'a donné mille preuves !

Un bruit désordonné de voix vint m'arracher à
mes pensées, et je me trouvai au milieu d'une multitude de paysans qui s'en allaient, à la suite d'un
prêtre, implorer l'assistance de *Saint Sabin*. La
tradition populaire assigne une époque très re-
culée à l'existence de ce saint montagnard ; elle
ajoute, peu d'accord avec la légende, que c'était un

vertueux habitant de nos campagnes, simple la-
boureur, d'une haute intelligence et d'une grande
piété. Le ciel bénit ses travaux, en lui donnant les
plus gras troupeaux, les champs les plus fertiles ;
il devint par ses bienfaits, la providence de ces
cantons, comme il en était l'oracle par ses conseils.
Aussi, le bonheur sembla-t-il s'être fixé dans cet
aride coin de terre, d'où la misère fut bannie.

Le souvenir de Sabin s'est conservé chez nos
montagnards, qui viennent dans un rayon de quatre
à cinq lieues, pendant la belle saison, lui demander d'abondantes récoltes et la santé de leurs troupeaux. Ils recueillent religieusement une plante
qui ne croît que dans les lieux où Saint Sabin
conduisit paître ses bœufs.

Cette herbe, placée dans les écuries, éloigne les
maladies et favorise la prospérité du bétail.

La chapelle du saint solitaire est élevée sur un
des derniers mamelons des monts Pilat, dans leur
prolongement à l'est; bâtie sur le roc, on y arrive
par un étroit sentier. Elle domine toute la contrée,
comme pour annoncer que la protection du saint
patron, s'étend sur tout le pays dont on embrasse
l'horizon.

Le vieux curé de la paroisse me rendait heureux
lorsquil m'emmenait à Saint Sabin avec les habitants de la commune.

Dans un de ces pieux pèlerinages, qui étaient de
de gaies fêtes pour moi, j'eus occasion de connaître

un étrange individu, appelé S..., et que ses voisins
nommaient indifféremment Saint Sabin. Sa cabane
se trouvait au pied du pic sur lequel est placée
la chapelle du saint. La voix publique lui accordait un pouvoir surnaturel dans la guérison des
foulures, des fractures de membres, et la réputation dont il a joui semble justifier ce pouvoir.

On trouve souvent, dans les campagnes, de ces
espèces de sorciers qui exercent la médecine et
prédisent l'avenir. Ces *rebouteurs*, le fléau des cré-
dules paysans, sont justement poursuivis par l'autorité ; mais chez notre moderne *Saint Sabin*, on
n'a jamais signalé la moindre tromperie, ni l'a-
mour du gain : son désintéressement était égal à
la confiance qu'il inspirait.

La première fois que je le vis, sa main droite,
singulièrement conformée, me frappa ; je lui demandai s'il avait toujours eu les doigts comme je
les lui voyais.

— Oh ! non monsieur, me répondit-il, il y a
quelque temps j'étais malade ; dans un accès de
fièvre je pris mon fusil et je frappais au plancher,
comme si javais voulu le décharger et recevoir le
plomb dans ma main ; le coup partit et me coupa
quatre doigts. La douleur fut vive et guérit ma fièvre. Je vis alors mes doigts qui pendaient et ne tenaient que par un peu de peau. Je pris d'abord
mon couteau pour les couper, mais une inspira-
tion m'arrêta. Je rapprochai ces morceaux, j'y mis

du sel, et j'enveloppai ma main. Huit jours après j'étais guéri. Et, tenez, ajouta-t-il en me pressant la main : Voyez, je me sers de ces doigts ; *ce fut la première fois que je reconnus en moi le pouvoir que Dieu m'accordait, de remettre les membres cassés ou démis.*

Ma première opération est assez curieuse par ses circonstances : J'allais vendre du charbon à Annonay ; avant d'arriver à la ville, je vis plusieurs chevaux attachés à la grille d'une belle maison, où je vendais quelquefois des fagots. Je m'informai à un domestique ce qu'il y avait de nouveau, il me dit que c'était trois grands médecins qu'on avait mandés pour Mlle B..., mais que toute leur science ne servirait à rien ; sa jeune maîtresse se mourait.

— Eh ! qu'a-t-elle donc, demandais-je ?

— Elle s'est brisé les *os de l'estomac,* me répondit-il.

— Ce n'est que cela, lui dis-je, je me chargerais de la guérir.

— Allez donc, vieux fou, me cria le domestique, en me fermant la porte.

Je continuai mon chemin ; mais j'avais à peine fait quelques pas que le domestique vint me rappeler en me disant que son maître désirait m'entendre. Je revins donc et je répétai devant les médecins ce que j'avais dit au domestique, c'est-à-dire que si Mlle B... n'avait que des os dérangés ou fracturés je la guérirais.

Les médecins se moquaient de moi, et l'un de
ces messieurs, après m'avoir examiné, me demanda pourquoi je ne me guérissais pas moi-même
puisque j'avais le pouvoir de guérir les autres.

J'étais, en effet, dans un pitoyable état : je croyais
avoir un reptile dans le ventre. Je le dis aux médecins, qui se mirent à rire de nouveau.

Pour abréger le récit de ce moderne Saint Sabin,
dont je me rappelle encore jusqu'aux paroles, un
médecin fit sortir le serpent du ventre, et lui, de
son côté, guérit Mlle B...

Depuis cette époque, il n'y eut plus de repos
pour le pauvre inspiré. Jamais l'aurore ne le trouva
dans son lit, et tous les jours de la semaine, il se
rendait dans le chef-lieu de quelques communes
où les paysans venaient se faire *rhabiller*, qui un
bras, qui une jambe ou toute autre partie osseuse
du corps. Il ne dédaignait pas de donner ses
soins aux animaux domestiques. Son procédé était
bien simple et faisait sourire de pitié les officiers
de santé tant soit peu anatomistes. Il passait la
main sur le membre démis ou brisé, appliquait
dessus une compresse et le malade ne souffrait
plus.

Il est inutile de parler de la vogue de ce médecin
par la grâce de Dieu : il n'est pas une commune
des cantons de Pélussin, de Bourg-Argental, de
Saint-Chamond, de Saint-Genest-Malifaux, où il
n'ait fait des cures. Il aurait pu acquérir du bien,

faire fortune : c'était un de ces cœurs sublimes
pour qui la gratitude semblait un paiement immense, et puis *Dieu lui avait défendu de prendre plus de huit sous par jour.* Ces quarante
centimes lui suffisaient pour vivre. Déjà vieux et
accablé d'infirmités, on lui conseillait d'acheter un
âne. *Ce n'était pas la volonté de Dieu ;* il marchait
toujours à pied, faisant chaque jour huit et dix
lieues.

Je vois sourire mes sceptiques et très-savants
contemporains à ce récit des vieux âges ; mais
l'esprit fort, qui veut tout expliquer sans voir clair
dans les faits, n'est pas moins risible. Pour moi, qui
n'ai pas une portée d'intelligence assez supérieure
pour nier ce que je ne comprends pas, je dis
ce que j'ai vu. J'ai connu particulièrement cet
homme pendant plus de dix ans. Je l'ai vu donner
des soins aux paysans nos voisins, redresser des
membres que des voitures avaient brisés ou que
d'autres accidents avaient démis. On n'expliquera
rien en niant la vertu ou l'adresse de notre montagnard guérisseur, car il restera toujours à rendre
raison de la confiance qu'ont eu en lui, pendant
plus de vingt ans, vingt mille individus de nos
montagnes, dont il a constamment entretenu les
illusions. Précieuses illusions vraiment que celles
qui font disparaître la douleur d'une côte enfon-
cée, d'un poignet démis, d'une jambe brisée, sans
que le patient demeure estropié. Les médecins

l'ont poursuivi ; je crois même qu'il a été traduit en police correctionnelle pour exercice illégal de la médecine, mais aucune peine ne l'a atteint.

— Je ne donne aucun remède, disait-il. Si votre voisin qui, au dire du docteur un tel, avait l'épaule fracturée est aujourd'hui guéri, c'est sans doute la vérité.

Quelque disposé que je sois à croire, non pas à la bonne foi de mon Saint Sabin, personne ne l'a jamais mise en doute, mais bien à sa vertu de guérir, je ne l'avouerai que tout bas dans la crainte d'exciter outre mesure la pitié des gens de science. Que voulez-vous ! je suis né dans un pays de traditions et de croyances, peut-être aussi de rêves et de superstitions : soit. Je ne changerais cependant pas ma patrie d'amour et de foi pour une terre de sophisme et d'incrédulité.

J'aurais voulu avoir quelques notions sur la vie du Saint Sabin qu'on honore dans la chapelle décrite plus haut. Je m'adressais au prêtre qui allait dire la messe pour ses bruyants paroissiens. Hélas ! il n'avait pas compris la légende de son bréviaire.

— Je ne sais rien sur ce Saint, me dit-il, mais, M. Preher, curé de Tarentaize, pourra vous renseigner.

Je reconnus ce vicaire pour un de mes anciens condisciples, et je le trouvais aussi épais, aussi matériel que dans son enfance,

Mon frugal repas du matin terminé, j'abandonnai bien vite la *Grange* pour aller visiter les lieux que j'avais entrevus à mon réveil. Un besoin irrésistible d'aller respirer les émanations balsamiques de la prairie en fleurs m'entraînait. Je contemplais enfin la véritable, la grande nature tourmentée si bizarrement ailleurs par la main des hommes, étalant ici ses plus ravissants épisodes. J'admirais la beauté des paysages qu'un beau soleil faisait briller d'un nouvel éclat.

Je courais, le nez au vent, aspirant avec ivresse l'air parfumé. Je saluais en passant les riches insectes, les brillants papillons que mes pas réveillaient. Je ne m'arrêtais nulle part de préférence. Je voulais tout revoir, tout examiner et rendre grâce à Dieu de tout ce bonheur.

La physionomie sublime de ces lieux me faisait oublier les cités. Pauvres humains, là-bas, ils étouffent ; ici, l'âme, déployant à son gré ses puissantes ailes, flotte dans un monde de volupté et de contemplation. Oh ! oui, l'homme sent son cœur se dilater, il respire plus à l'aise, il marche avec un front plus noble, avec un regard plus vivant, plus joyeux, quand il échappe au tumulte, à l'atmosphère de la ville pour se plonger dans la nature, sur les montagnes et sous le vaste et radieux pavillon du ciel !

Je m'étais assis sur un des points les plus élevés. Je passai longtemps dans une méditation sans objet déterminé tant les heures me semblaient à la fois tranquilles et fécondes, malgré la lenteur apparente de mes mouvements. Respirer l'air pur des hauts lieux rafraîchit l'âme et la dispose aux saines pensées. On pourrait dire que la légèreté de l'air sur les montagnes laisse agir certaines puissances cérébrales que la pesanteur opprime dans la plaine. Le philosophe de Genève a dit de belles choses sur ce sujet. J'y renvoie le lecteur. Puis portant mes regards autour de moi, je voyais les troupeaux de vaches, de chevaux, de chêvres, qui paissaient et animaient le paysage : il n'en fallait pas davantage pour changer la direction de mes pensées. L'oiseau chantait sa plus mélodieuse chanson printanière. Au pied de la montagne coulaient les fleuves, les ruisseaux ; plus loin apparaissaient les villes enfumées par la houille, et dans une brume légère mes yeux découvraient la grande cité de Lyon. A l'est, les Alpes neigeuses ceignaient mon horizon d'une couronne étincelante de glaciers. Le Mont Blanc dominait toutes ces hauteurs couvertes de neige et projetait à une grande élévation ses aiguilles inaccessibles. Ces Alpes de la Savoie, vues de Pilat, vous fascinent des plus étranges illusions ; elles se dessinent en colonades, en forteresses, en de gigantesques animaux. Voici le bœuf qui rumine, il a une clochette au cou ; l'âne qui paît, et cette aiguille de rocher n'est-ce pas la bergère dont on voit la quenouille ?

Si je dirige ma longue-vue du côté du Midi, je vois l'impétueux fleuve du Rhône précipiter sa course à travers dix départements et baigner les murs de vingt villes fameuses. A sa droite s'étendent les plaines du Languedoc et plus loin les Pyrénées, d'où se détachent les Cévennes, dont le Mont Pilat est le dernier chaînon. A l'ouest, les montagnes du Cantal et de l'Auvergne bornent un horizon que la vue est impuissante à embrasser. Couvrez les richesses de ces aspects d'un ciel bleu et du soleil qui brille sur ma tête; ne négligez pas les détails plus rapprochés : ces usines dont la fumée s'élève en colonnes de fantaisie, ces troupeaux couchés à l'ombre, la flèche de ce clocher, la croix du cimetière, ces maisons somptueuses, ces chaumières de pauvre apparence, et vous aurez une idée des scènes qui captivaient mon attention. Un peintre eût étudié avec amour ces pointes différemment éclairées, ce clair obscur du soleil et des ombres et tous les accidents de lumière qui en résultent à chaque instant du jour; ensuite les formes hardies de ces paysages, les lignes majestueuses et bizarrement rompues de ces montagnes, la teinte vaporeuse de ces lointains, la prodigieuse variété de ces plans; que sais-je encore ?

Mais le chant monotone des bergers qui rassemblent les troupeaux dans le parc m'avertit qu'il est temps de songer à la retraite. Je me dirige donc lentement vers la *Grange* en lisant quelques vers de Lamartine.

CHAPITRE VII

Formation de Pilat. — Sa hauteur — Un Anglais.
— Histoire naturelle. — Le sapin. — Ressources
médicales.

> Jussit...................... ....
> ....lapidosos surgere montes.
>
> OVIDE
>
> Montes exultaverunt ut arietes
>
> *Psaumes.*

Si vous passez plus d'un jour à Pilat, il faut vous
résoudre à ne converser qu'avec vous-même. Ce serait un événement que la rencontre d'un voyageur
avec lequel vous puissiez vous mettre en communication d'idées. Cet isolement ne me pesait pas,
et j'en prenais facilement mon parti. J'allais sans
cesse, et ma pensée marchait plus vite encore. Je
ne saurais trop dire pourquoi, après mon souper,
je ne rentrais pas dans ma pauvre chambre. Minuit
sonnait à ma montre que j'étais encore errant, gra-
vement occupé de ces riens qui font sourire les
gens positifs :

Nescio quid meditans nugarum, totus in illis.

Quand je suis sous le charme de sensations qui
me plaisent, il m'importe peu qu'il fasse jour ou
nuit, que je sois dans une chambre ou dans les
champs. J'ai même remarqué qu'il vaut mieux
pour moi, dans cet état, n'être pas enfermé. Quand
l'esprit agit, le corps n'aime pas le repos. Si on
ne marche pas, le sang bouillonne, s'échauffe,
devient âcre. Voilà sans doute d'où vient la diffé-
rence entre l'humeur des casaniers et des promeneurs ; et j'allais toujours, songeant à l'influence
qu'avaient les montagnes sur moi et sur le caractère de leurs habitants.

Que de nobles projets, murmurais-je ont mûri
dans le silence des hauts lieux ! Combien de
grandes âmes se sont produites au milieu de l'air
plus vif des montagnes ! C'était des hauteurs de
l'Auvergne que l'héroïque Vercingétorix descendait quand il souleva ses compatriotes contre ce
proconsul romain appelé César ! Ils étaient montagnards, ces Helvétiens qui combattirent dix contre
un ; et vainquirent à Morat, à Sempach, à Granson !
Que j'aurais de noms illustres à citer si je voulais
rappeller tous les grands hommes qui ont vu le
jour sur les montagnes !

Aussi, a-t-on remarqué de tout temps que les
montagnards sont, de tous les hommes, ceux qui
ont le plus vif attachement pour leur pays, et que
les peuples nomades habitent en général les vastes plaines. Dans les montagnes, la patrie à une

physionomie qui attache et captive. De tous les
points de la vallée, chacun voit et reconnaît son
champ, sur le penchant de la côte, entend le
torrent qui tourbillonne entre les rochers, et voit
en songe le contour de ces sommets, qui est peint
dans son cœur.

Le souvenir de la patrie absente arrache des
larmes du montagnard ; les rustiques chansons
dont les airs l'ont bercé enfant, ces notes si simples
ces paroles si peu poétiques, le transportent dans les
hautes vallées, près des rocs nus, des monts ar-
rondis et couverts de pâturages, et, quelle que soit
son existence, quelques superbes que soient les
villes qu'il habite, il s'écriera avec le poète, dans
un déchirement du cœur :

> Ah ! rendez-moi, rendez-moi mon village.
> Et la montagne où je suis né.

Un matin, je fumais mon cigare, en humant l'air
frais, lorsque je vis s'avancer, grave et recueilli,
un homme qui venait du côté de Saint-Chamond ;
il passa à côté de moi sans me voir, j'imagine, car
ce ne fut qu'à mon salut qu'il leva la tête et parut
me regarder avec étonnement ; il ôta son chapeau
sans dire un mot et continua son chemin. Ce
matinal visiteur de Pilat pouvait avoir de trente à
trente-cinq ans ; il était de haute taille et sa figure
paraissait pleine de douceur. Il portait une blouse
de toile écrue, un large chapeau de paille, des
guêtres en cuir et de gros souliers ; sur son dos

pendait une boîte en ferblanc, un marteau et de légers filets à papillons.

Ce monsieur est un naturaliste pensai-je ; il vient herboriser, sa longue boîte de ferblanc l'indique ; son marteau de minéralogiste annoncerait qu'il n'est pas étranger à la géologie. Ce pourrait être aussi un poète : les livres aux couleurs tendres, que laissent deviner les mailles de sa carnassière, me le feraient croire. Si mes conjectures me trompent, ce sera un professeur de la Faculté de Lyon ou de l'Ecole des mineurs de Saint-Etienne.

J'étais à cent lieues de la vérité, et afin de connaître le compagnon que la Providence m'envoyait, je me mis à le suivre dans la direction de la *Grange;* mais, tout-à-coup, je le vis se retourner, et quand il fut à la portée de la voix, il m'adressa ces mots : *Do you speak english ? — I speak a little,* répondis-je, en baragouinant. Il avait réfléchi qu'il serait fort embarrassé pour se faire entendre, et il fut heureux de trouver un interprète dans ce lieu sauvage, comme il l'appelait ; sa reconnaissance se traduisait en démonstration vraiment extraordinaire pour un Anglais, car c'était bien un habitant d'outre-Manche, mais parfaitement différent dés équivoques mylords qu'on rencontre partout et qui viennent, orgueilleux, superbes, s'abattre dans nos jolies villes de France, où ils prennent l'ignoble avidité de nos

aubergistes et de nos marchands pour de la défé-
rence respectueuse.

M. Steapleton, c'était son nom, était sans
contredit un savant ; il avait parcouru le globe
comme nous eussions visité les principaux lieux
de notre département. Un jour, il aperçut de
Lyon cette belle montagne noire, qu'on lui dit
être Pilat ; et le lendemain il était sur son sommet. Une communauté de pensées sur plusieurs
sujets nous rapprocha et nous étudiâmes ensemble notre Mont Pilat.

Je ne parvenais pas toujours à faire partager
mon enthousiasme à mon flegmatique habitant de
la Grande-Bretagne ; mais s'il contenait mon exa-
gération admirative dans de justes bornes, il trai-
tait les questions scientifiques avec une clarté sans
égale. Il savait donner aux moindres choses un
attrait particulier, et comme il avait tout étudié,
rien ne l'embarrassait dans mes questions. J'étais,
hélas ! forcément modeste en écoutant mon nouvel
ami. Je ne rapporterai de nos conversations que
ce qui a trait à Pilat. Les auteurs que j'avais
emportés nous aidèrent à prendre une connaissance plus vraie de notre montagne.

C'est une opinion généralement admise maintenant que les montagnes se sont formées par voie
de soulèvement, qu'elles sont sorties du sein de
la terre en perçant violemment la croûte de notre
globe, qui à une époque ne présentait aucune

aspérité remarquable [1] « le terrible feu platonique, dit Goëte, l'effroyable explosion des vapeurs éoliennes fit éclater la vieille croûte du sol.

Depuis que cette grande vue a été adoptée, des difficultés jusque-là insurmontables ont disparu de la science. On voit, par exemple, qu'on peut expliquer la présence des coquillages au sommet des plus hautes montagnes, sans supposer que la mer les ait recouvertes dans leur état actuel. Il suffit de dire, en effet, que ces montagnes, en sortant du sein des eaux, ont soulevé avec elles, et porté à trois ou quatre mille mètres de hauteur, les terrains déposés par la mer, dont les points de leur émersion se trouvaient recouverts.

Voltaire, que rien n'embarrassait, a judicieusement pensé que les coquilles d'huîtres découvertes au sommet des Alpes, étaient les débris des déjeuners de généraux ou gouverneurs romains ! ! !

La formation des montagnes par voie de soulèvement admise, une foule de recherches intéressantes s'offrent au géologue ; il doit se demander, par exemple, si toutes les grandes chaînes ont surgi à la même époque ; et dans le cas d'une réponse négative, quel est l'ordre de leur ancienneté relative.

M. Elie de Beaumont a résolu ces questions.

---

[1] C'est sur l'autorité de M. Elie de Beaumont et les paroles de M. Arago que je m'appuie en traitant de la formation de Pilat.

Ainsi, d'après cet éminent savant, « le système du Mont Pilat en Forez, de la Côte-d'Or en Bourgogne et de l'Erzgebirge en Saxe, est celui qui a été soulevé le premier. » Viennent ensuite les Pyrénées, les Apennins, puis les Alpes, ensuite l'Hymalaya d'Asie, l'Atlas d'Afrique, etc.

Les singularités de cette théorie ont fait penser à quelques gens, dit M. Arago, que les « géologues faisaient pousser les montagnes comme des champignons. » J'engage le lecteur à lire avec attention les écrits de M. de Beaumont et le Mémoire de M. Arago, *Annuaire des longitudes*, 1829, page 202.

Il ne m'appartient pas d'apprécier les preuves de ce système, mais il me semble que la vue des montagnes volcaniques et de quelques îles formées depuis les temps historiques, l'inclinaison des couches, l'ordre de superposition des terrains, l'exemple de quelques rochers qui portent des traces évidentes de soulèvement, toutes ces circonstances bien observées, doivent singulièrement ajouter à sa probabilité.

Pour mon compte, et sur la foi de M. Elie de Beaumont, je crois fermement que ma montagne de Pilat est la première qui ait percé la croûte du globe et surgi tout-à-coup au grand étonnement des habitants antédiluviens. Le Souverain créateur des mondes a voulu que le gigantesque piédestal sur lequel nous nous promenons se montrât, tout d'abord, par une préférence qui témoigne de l'excellence de cette montagne.

— Assurément, me dit avec un sourire M. Steapleton. C'est votre montagne et nulle n'est plus excellente, mais si nous devions juger du mérite de Pilat d'après son élévation, elle tiendrait un rang modeste en face du Mont Blanc, de la Jungfrau, du Mont Rose, ou du Thibet. Savez-vous si on a mesuré sa hauteur avec quelque soin ?

— Je sais que M. Burdin, ingénieur des mines, détermina, en 1823, par trois observations géométriques, faites en avril et en juillet, l'élévation de Pilat :

« Les deux premières opérations, dit-il, m'ont donné pour la hauteur (Chirat de la Perdrix) au-dessus de Saint-Etienne, table de l'Observatoire de l'Ecole des Mineurs, 910 mètres et 938 mètres 5 décimètres. La dernière qui a été faite, avec un baromètre à syphon, mis en correspondance avec le baromètre de Fortin, de l'École des Mineurs, a donné 921 mètres 65 cent. Admettant ce dernier résultat, tant à cause de la perfection des instruments et des soins avec lesquels il a été obtenu, qu'en raison des circonstances favorables dans lesquelles on a opéré, la sommité de Pilat se trouverait élevée :

1° Au-dessus de Saint-Etienne, 921 mètres 65 ;

2° Au-dessus du niveau de l'Océan, 1,447,77.

On donne à la base six lieues d'étendue, du Nord au Midi et quatre de l'Ouest à l'Est.

— Quoique Pilat soit une des montagnes les plus élevées de la France, ce n'est pas en raison de sa hauteur qu'il se distingue de ses orgueilleux confrères le Mont Blanc, le Thibet, etc., le plus souvent stériles et d'un abord impossible ; ici, nous avons une immense forêt, de gras pâturages et de riches prairies, et le plus beau tapis vert, la plus belle plaine ou plateau qui existe au monde, à une telle élévation.

— Vous m'avez dit, je crois, que votre montagne était un chaînon des Cévennes : Buffon lui assigne une plus haute origine. Selon cet auteur, le Mont Pilat est une chaîne des montagnes qui commencent au bord de la mer en Galicie, arrivent aux Pyrénées, traversent la France par le Vivarais et l'Auvergne, s'étendent en Allemagne et au-dessus de la Dalmatie jusqu'en Macédoine, et de là se joignent avec les montagnes de l'Arménie, le Caucase, le Taurus, l'Imaüs et s'étendent jusqu'à la mer de Tartarie.

— A la bonne heure, et je suis bien aise que la généalogie de Pilat remonte si haut, et pourtant j'avais, ce me semble, dit tout cela en le rattachant aux Cévennes. Mais continuons l'étude de cette montagne :

Les auteurs qui ont écrit sur Pilat ne sont pas d'accord sur l'étymologie de son nom. Quelques-

uns pensent que Pilat dérive de deux mots celti-
ques : *Pi*, hauteur, et *Lat*, vaste, large. D'autres
veulent que ce soit de *Pileus*, chapeau : parce
qu'on dit dans le pays que « Pilat prend son
chapeau quand il se couvre de brouillards. »
Mais le plus grand nombre disent que son nom lui
vient de Pilate, d'accord avec la tradition locale.
Voici les paroles du Père de La Mure, dans son
Histoire ecclésiastique du pays du Forez :

« Le nom de Pilat que porte une montagne,
dont une partie est de ce pays et qui le limite d'avec
le Vivarais, luy est venu au sentiment de de Rubis,
livre 1er de son *Histoire de Lyon*, chapitre xiv, et
avant lui de Conradus, ancien autheur allemand,
en ses Mémoires latins, de Pilate même qui con-
damna Notre Seigneur et qui, par un juste juge-
ment de Dieu, fust après la mort de l'empereur
Tibère, sous lequel était arrivé ce déïcide, con-
damné par son successeur Caligula, pour les grandes malversations en l'intendance et gouvernement
de Judée, en un exil perpétuel, dans le territoire
de Vienne, selon que l'a laissé par escrit ce grave
et ancien chronologiste Saint-Adon, évêque de ladite ville de Vienne, sur l'autorité duquel, de Rubis
fondé, croit que cette montagne de Pilat, laquelle
est dans les limites du diocèse de Vienne, et dont
l'extrémité est dans ce païs, fust le lieu de cet
exil de Pilate, et l'endroit où selon le passage d'A-
don, ce juge d'iniquité se tua lui-même de déses-

poir ; pour marque de quoi, il dit qu'elle se nomme le Mont-de-Pilate, quoique par abréviation le vulgaire le nomme le Mont-de-Pilat, y ayant toute apparence, que ce mont ne se nommait pas ainsi de son origine, puisqu'il faisait partie ou même le commencement de ces monts Cémènes, ou Céméniens, dont il est parlé dans Jules-César.

. . . .

... De sorte qu'il est très-probable que ce nom a été changé par les chrétiens en celui de Mont-de-Pilat, comme qui dirait de Pilate, ainsi que le nomme le sieur Duval d'Abbeville, en sa carte géographique de la France, par exécration de ce juge inique, qui avait fait sur ce mont la malheureuse fin que méritait son horrible attentat ; et ce qui prouve cette conjecture, c'est qu'en bas de cette montagne de Pilat, du côté du Rhône, on voit encore un vieux château appelé de Ponce, qui était l'autre nom de ce méchant juge, et ainsi qui marque vraisemblablement le lieu de sa prison, comme cette montagne est tenue pour celui de sa désastreuse fin et de son désespoir. »

Jean Duchoul, l'historien du Mont Pilat et de Doizieux, publia son ouvrage en 1555 ; il est intitulé : *Pilati montis in Gallia descriptio*, Lugd. in-4°. Cet auteur célèbre en style poétique les charmes qu'il trouvait dans ces montagnes agrestes, où il avait une maison de campagne. Voici un passage sur le nom de Pilat :

« Les Cévennes, sortant du sein des Pyrénées, s'avancent du Midi au Nord et se prolongent dans une étendue de quatre-vingt-quatre lieues. Elles abaissent tout-à-coup leur front sourcilleux et se terminent près de Lyon. Cette chaîne de montagnes change fréquemment de nom............

« Un des sommets les plus élevés, à l'extrémité septentrionale sur les confins du Lyonnais, est appelé Mont Pilat. Le vulgaire croit que ce nom vient de Pilate, préfet du prétoire de Jérusalem, qui livra Jésus-Christ aux Juifs pour être crucifié et qui vint en ces lieux terminer ses jours dans l'exil. »

— Tout porte à croire que c'est l'inique gouverneur de la Judée qui a donné son nom au Mont Pilat et qui fut enterré à Vienne, où l'on montre encore son tombeau.

— Je crains bien, me fit observer mon Anglais, que votre étymologie ne soit basée que sur un conte populaire. On pourrait aussi bien dire que Pilate termina son existence dans la Suisse, et que la montagne appelée Pilate, dans le canton de Lucerne, fut son tombeau.

— Ne médisons pas trop des contes populaires ; c'est un conte de cette nature qui a donné le nom de *Pilate* à la montagne de Lucerne. Vous pouvez le lire dans un auteur fameux d'impressions de voyage. En deux mots, le corps de *Pilate* enterré à Vienne faisait le *Diable à quatre*, dit la

4

légende. La ville était dans l'épouvante et on dé-
cida de transporter les restes du gouverneur de la
Judée sur une montagne de la Suisse où se trouvait un lac. *Pilate* consentit à rester en repos six
jours de la semaine ; mais le septième il fait rage
et malheur au berger qui approche ce jour-là de
la montagne de *Pilate*.

Ce dire du vulgaire, bien loin de détruire les
paroles du Père de la Mure ne fait que les confirmer. Quoi qu'il en soit, l'étymologie de Pilat
peut encore occuper les esprits curieux de voir
clair dans les légendes populaires.

Le Mont Pilat, dit Alléon Dulac, fut aussi célèbre dans le Lyonnais que le Mont Olympe chez
les Grecs. Sa renommée lui vient de son heureuse
situation, de ses richesses minéralogiques et surtout du nombre de plantes rares qu'il produit
abondamment. Les géologues nous ont fait connaître que ses rochers sont composés de granit
dur, de granit friable, de gneiss et de quelques
portions de quartz blanc. Ce n'est qu'à sa base
que commence la substance de seconde formation.

— Il n'est pas de meilleur guide pour étudier
l'histoire naturelle du Mont Pilat que le livre de
M. de la Tourette, intitulé : *Voyage au Mont Pilat*.
La zoologie, la botanique, la minéralogie de la
montagne y sont traitées avec clarté et méthode.

— Nous ne pûmes pas nous assurer, on le comprendra de reste, si tous les animaux qu'énumère

M. de la Tourette habitent encore Pilat ; mais
j'ai l'assurance, pour les avoir vus dans mes jeunes années, qu'on y trouve toujours des loups, des
renards, le putois, la martre, la fouine, la belette,
l'hermine. Le gibier, que notre auteur signale
comme très-abondant, y est devenu rare. Les bra-
conniers, mes compatriotes, savent y mettre ordre. Parmi les oiseaux, je citerai le bec-figue, l'ortolan, l'épervier, deux espèces d'aigles, le grand-
duc, le pic de muraille, la pivoine ou bouvreuil et
surtout le bec-croisé, *avis crucifera* que je n'ai
jamais vu, et qui serait le plus curieux de tous est
particulier à Pilat ; il est de la grosseur d'une
grive et d'une couleur brune. La forme et la force
de son bec le distinguent. Les deux mâchoires en
sont courbées et disposées de manière que pour
les fermer il est obligé de les croiser ; de là son
nom chez les Romains. Voilà, du moins, ce qu'en
rapportent les auteurs qui l'ont vu.

On trouve une grande variété de papillons ;
mais le plus beau de tous est sans contredit le
magnifique papillon connu sous le nom d'*Alpisola*,
parce qu'il habite les Alpes. C'est le *Papilio Ap-
pollo*. Nous eûmes le rare bonheur d'en trouver
un près de la Grange-de-Botte, et ce fut un beau
moment pour nous qui avions parcouru la montagne sans l'apercevoir. Le brillant insecte vint
s'offrir à nous lorsque nous désespérions de le
rencontrer. Sa grandeur, ses transparentes écaïl-

les, ses taches rondes, oculées, blanches, dans le
centre, qui est lui-même entouré d'un rouge éclatant bordé de noir, en font un objet d'envie pour
tous les entomologistes.

Suivant M. de la Tourette, qui a donné un catalogue raisonné des plantes de Pilat, on trouve
sur cette montagne 540 plantes : 40 sont classées
parmi les plus rares, 130 ne se trouvent que dans
les montagnes subalpines, enfin 370, dont la
plupart sont médicinales, complètent le catalogue.

Il n'est pas rare de découvrir des *aconits*, la
cacalia hustata, le *seseli pyreneum*, le *senecio
abrotani folüs*, l'*arbustus alpina*, le *genista
purgans*, dont la fleur sent la vanille, le *meum*,
que les paysans appellent la *cithre ;* mais il est
plus difficile de découvrir la *grande gentiane*,
Gentiana lutea major, le grand fébrifuge avant
la découverte de l'Amérique.

La célébrité de cette plante remonte à la plus
haute antiquité. Le trop crédule conteur Pline en
attribue la découverte, ainsi que de ses propriétés
médicinales, à *Gentius*, roi d'Illyrie, qui lui donna
son nom ; ce qui lui fournit l'occasion de faire
l'éloge de ce prince, tout en regrettant les simples
et utiles délassements des rois de l'antiquité, qui
honoraient l'étude de la nature et de la médecine,
en s'y livrant. Malheureusement, pour les pério-
des creuses du naturaliste Pline, Tite-Live nous

apprend que ce *Gentius* fut un prince sans mœurs
comme sans capacité, détesté de ses sujets, meur-
trier de son propre frère, et qui causa par ses
vices la perte de son royaume et la ruine de sa
famille. Il fut emmené captif à Rome, à la suite
d'un char de triomphe.

Les voyageurs trouveront facilement à Pilat les
autres variétés de gentiane. Qu'ils poursuivent
leurs excursions jusqu'au *Grand-Bois*, dans la
commune de Tarentaize, dans le bois de Graix,
ils y découvriront cette fameuse *gentiana major*.

Il n'est pas extraordinaire qu'un grand nombre d'arbustes croissent sur le Mont Pilat et sur
ses flanes pour ajouter à son embellissement.
L'érable des haies, le viorne, le noisetier, l'obier,
le groseiller des Alpes, à fruits doux, et tout près
de Fontclaire, le *rhododemdrum*, que personne,
que je sache, n'a encore signalé. Parmi les arbres,
le chêne, le sicomore, l'aulme, le bouleau, le
charme, l'alizier, etc., etc., et surtout le *sapin pi-
nus picea*, qui domine et commande. Les sapins
de la forêt de Pilat sont de la plus belle venue ;
leur hauteur et de 80, 90 et même 100 pieds ;
leur bois est préférable aux mêmes essences du
Jura, de la Suisse et de toutes les autres montagnes : les menuisiers ou charpentiers ne s'y trompent pas.

Véritable enfant de la solitude, cet arbre se plaît

dans les sîtes les plus sauvages. Sa forme pyrami-
dale favorise ses dispositions, en lui évitant les
obstacles qui gêneraient la projection de ses
branches. Emblème du philosophe sensé, il est
content d'habiter les hauts lieux, mais il ne fuit ni
ne recherche ses semblables. Légèrement égoïste,
il vit d'abord pour lui-même. Isolé, il étale ses
premières branches à peu de distance du sol et
les multiplie avec profusion jusqu'à son sommet.
S'il a des voisins, son tronc effilé réserve tous ses
ornements pour sa tête ; fier de les surpasser en
hauteur, il se reprocherait de les humilier pour
son ombrage.

Que j'aime à voir cet arbre, sur lequel se sont
reposés mes yeux d'enfant ! Son écorce lisse, quelquefois crevassée, sa tige agreste, ses longues
branches horizontales, la mousse blanche qui s'attache à son tronc vieilli, comme la barbe au men-
ton d'un beau vieillard, tout me plaît en lui.
J'aime ses hautes flèches qui brunissent les monts,
j'écoute avec ravissement la tempête impuissante
à l'agiter. Si je le rencontre perdu, exilé au milieu des capricieuses plantations d'un jardin
anglais, je le remercie des souvenirs qu'il m'ap-
porte et je le plains de son exil.

Avant de terminer ce chapitre, je voudrais trai-
ter brièvement un sujet d'utilité pratique ; j'y serai peu habile : on me saura gré de mon inten-
tion.

« Les bains de l'air salutaire et bienfaisant
« des montagnes seraient peut-être un des grands
« remèdes de la médecine et de la morale. »

Ce passage de Rousseau me rappelle que j'ai
vu dans les Etats autrichiens un lieu célèbre des
Alpes Noriques, qui attire chaque année un très
grand nombre de malades, qui se guérissent
avec du petit lait et des fraises. La foule des riches désœuvrés bien portants y accourt respirer
l'air vivifiant des montagnes. Ce lieu renommé,
c'est *Ischl* que nous prononçons *Ischel*.

Celui qui prouverait que les ressources médicales de Pilat ne sont point inférieures à celles
d'*Ischl*, aurait rendu un grand service à l'huma-
nité souffrante. Je vais indiquer, en peu de mots,
quels malades visitent *Ischl* et le soulagement
qu'ils éprouvent du traitement par le petit lait et
les fraises.

Fixons d'abord la position de ce miraculeux
endroit, et à ce sujet, voici ce que je lis dans mes
récits de voyages de 1831 :

Ischl se trouve à peu près au centre de ce
qu'on appelle le *Saltz-Kammergut* ou domaine
des Salines de la couronne : c'est un pays fort
beau, qu'on a tort d'appeler la Suisse autri-
chienne ; c'est bien mieux que la Suisse, car ici les
montagnes ne sont pas des rochers gigantesques,
décharnés ; leur plus grande hauteur n'est guère
que de 4,000 pieds ; mais combien leur aspect

est riant ! Partout elles se couvrent de bois touffus, de plantes odoriférantes, de prairies et de
pâturages.

Le bourg d'*Ischl*, qu'on pourrait tout aussi bien
appeler une petite ville, avec ses jolies maisons
blanches, ses promenades ombragées, ses jardins fleuris, ne saurait être plus agréable, etc.

Pour de plus grands détails, lire le livre qu'a
publié le docteur Polak sur cette situation et sur
ses environs[1]. Je ne lui prendrai que ce qui intéresse mon sujet.

Ischl est un peu moins élevé que Pilat, mais sa
latitude est de deux degrés plus au nord : les
sommets boisés qui l'environnent lui assurent
une température plus douce qu'à Pilat, c'est incontestable. Cependant, dans les deux voyages
que j'y ai faits, j'ai eu la pluie et des orages, après
une courte période de beaux jours. C'est absolu-
ment comme sur notre montagne de Pilat.

Le traitement des malades est des plus primitifs :
à l'extérieur, des bains d'eau salée et des douches ;
à l'intérieur, le *petit lait*, les *fraises* et le *lait
caillé*.

Quelles maladies guérissent ces remèdes si
simples ? Le docteur Polak nous l'apprend.

1° Les maladies où les os et les articulations

---

[1] *Ischl et ses environs*, par le docteur Polak, médecin aux
bains d'Ischl. Vienne 1818. Chez Braumüller et Seidel.

sont attaqués ; 2° la goutte ; 3° les ulcères anciens ; 4° les maladies de poitrine.

En ce qui concerne les phthysiques, « le docteur
« Polak ajoute qu'il faut chercher les résultats
« heureux qu'on atteint, dans l'ensemble des
« moyens curatifs. Le malade respire un air pur,
« doux, embaumé, exempt de toute poussière,
« à peine agité par une douce brise rafraîchis-
« sante ; son âme est tranquille ; il est à l'abri des
« émotions et des bruits ; il se sent bercé dans le
« calme et le repos. Ce sont là de puissants auxi-
« liaires de nos remèdes. »

5° Les catarrhes persistants ; 6° les maladies
de cœur ; 7° les malades atteints d'affections
hystériques ou *nerveuses* ; 8° les maladies causées
par l'affaiblissement, vieillesse, longues maladies, émotions violentes, diarrhées, leucorrhées,
débauches, etc.

Il y en a encore d'autres dans le livre de M.
Polak.

En voyant la foule des malades qui depuis un
demi-siècle accourrent à *Ischl* et s'en retournent
guéris pour la plupart et les autres soulagés, on
est bien forcé de croire à l'efficacité des remèdes
administrés.

Il appartient aux savants et expérimentés doc-
teurs de Saint-Etienne et de Lyon d'apprécier les
ressources médicales de Pilat, et l'efficacité des
remèdes d'*Ischl* administrés sur notre montagne.

Nos pâturages sont au moins aussi bons, et
par conséquent le laitage ne craint pas de compa-
raison. Le petit lait de Pilat aura donc toutes les
qualités requises. Quant aux fraises, la forêt en
ournira avec abondance depuis juillet jusqu'à la
fin de septe mbre. Le *lait caillé* n'est autre chose
qu'un lait écrémé, qui s'est coagulé de soi-même
par une température de 20 à 25° R. L'usage es
recommandé, pour atténuer une *bile trop épaisse, favoriser les évacuations alvines, etc.*

Que Messieurs les médecins envoient ceux de
leurs malades que l'air vif, mais salubre, de Pilat
n'incommodera pas ; que le nouveau propriétaire fasse établir des chambres commodes, chau-
des et suffisamment propres, et les malades me
remercieront de leur avoir révélé à leur porte, non
pas la panacée universelle, mais certainement
un moyen très-efficace pour la guérison ou le
soulagement de leurs douleurs.

CHAPITRE VIII

La source de Pilat. — La mine d'or. — Le saut du
Gier. — Monuments druidiques. — Une tempête.
— Séparation.

> Regarde avec joie la montagne, ornée pour
> ton usage, par le printemps et par la nature.
>
> HALL. *P. des Alpes*.

PEREGRINATIONIS.

> *Principium* erit mirari omnia, etiam tristissima.
> *Medium* est calamo committere visa et utilia
> *Finis* erit naturam accuratius delineare, quam alius,
>
> LINN. *Phil. Botan.* 297.

Le but de tout voyage, nous dit Linnée dans
l'épigraphe de ce chapitre, c'est d'admirer, de voir
au moins toutes choses, même les plus tristes ;
ensuite, de consigner sur le papier ses impressions en faisant remarquer ce qui est utile, et
enfin, d'étudier la nature avec plus de soin encore
que ne l'ont fait ceux qui nous ont devancés.

C'est parler d'or assurément, et je me réjouis
d'avoir mis en pratique les deux premières pres-

criptions du grand naturaliste. En voyage, je vois
beaucoup, j'admire souvent : on s'en est aperçu,
et j'écris sans cesse : je crains que l'on ne s'en
plaigne. Quant à faire progresser l'étude de l'histoire naturelle, selon la recommandation de Linnée, j'avoue mon infirmité ; j'y suis peu propre ;
mais si j'ai pu indiquer seulement de beaux sujets aux méditations des savants, on ne saurait en
demander davantage à mon ignorance, et on me
iendra compte de ma bonne volonté.

Ainsi, je ne saurais faire un pas en avant sans
avoir payé un tribut de louange au lait, au beurre,
au fromage de Pilat. Sur cette montagne, rien
n'est comparable à l'excellence de ces mets primitifs. Cette bonne qualité tient à la nature des
pâturages, qui sont remplis de plantes odoriférantes et de végétaux bienfaisants : le thym, le roma-
rin, le serpolet, la lavande, l'anémone, la cen-
taurée, le meum, etc., etc. Je suis toute tendresse
pour ce beurre et ce lait ; je n'ai donc pas de mérite à les louer ; mais il n'en est pas de même du
fromage, que je déteste. Ce que j'ai souffert en
Italie, le pays du macaroni et du parmesan, ne
sera compris que de ceux de mes lecteurs qui
partagent mon antipathie. Mais la vérité l'emporte
sur la répugnance. Au dire des connaisseurs, le
fromage de Pilat ne saurait être trop vanté. Par
induction, je puis confirmer sa réputation par
l'excellence du lait, qui est sa première forme.

Pourquoi nos estomacs ne se contentent-ils plus de ces mets de l'âge d'or et en réclament-ils de plus substentiels? C'est à cette exigence gastronomique qu'il faut attribuer mes lamentations, lorsque je ne trouvai à la grange que ce pauvre jambon sur lequel Mlle Scudéry ne se serait pas appitoyée comme sur son gigot[1].

Le lait que nous bûmes à notre déjeuner avait été mis dans l'eau pour le rafraîchir ; mais peu d'instants avaient suffi pour l'amener à la température de la glace : M. Steapleton, qui mit sa main dans cette eau, fut obligé de l'en retirer immédiatement, et le thermomètre que j'y plongeai descendit à zéro ; mon vieil auteur Duchoul dit : « Que l'eau de Pilat est si froide, qu'elle fait enfler la bouche à ceux qui en boivent, et qu'il est impossible d'y tenir la main sans éprouver un froid tellement grand, qu'il est capable de glacer le sang. »

La source de Pilat est dans la prairie vers le milieu de la plaine ; c'est là l'origine de la rivière du Gier, qui donne son nom à la ville de **Rive-de-Gier**. C'est un véritable puits artésien creusé par

---

[1] Une note est nécessaire pour expliquer à mes compatriotes montagnards ce que c'était que ce *gigot*. On invitait un jour Mlle de Scudéry à manger d'un gigot, et la personne ajoutait qu'il était fort *tendre*.

— Hélas! il n'en est que plus malheureux, répondit la Sapho de l'hôtel de Rambouillet, en levant les yeux au ciel d'un air lamentable.

la nature au haut de cette montagne : une abon-
dante nappe d'eau s'en échappe.

« Ce lac ou puits, rapporte M. Duchoul, a été en
partie comblé par des débris de rochers et de bois
mort qu'on y a jetés, afin que les troupeaux qui
viennent s'y abreuver n'y courent aucun danger.
Les bonnes femmes racontent qu'un méchant berger y fut un jour englouti avec son troupeau, et
que, peu de jours après, son corps fut retrouvé
dans le fleuve du Rhône. » C'est probablement
l'histoire altérée de Ponce-Pilate.

On prétend que cette eau traverse d'inépuisa-
bles mines d'or, et ce qui le prouverait, ce sont
les paillettes d'or qu'elle roule avec son sable. La
tradition a conservé le souvenir du temps où l'on
se livrait à la recherche de ces paillettes, et Duchoul raconte comment les *Arpailleurs* ou *Orpail-
leurs* s'y prenaient pour recueillir le précieux métal. Les hommes de la science, les minéralogistes,
géologues, ingénieurs, etc., devraient bien nous
dire si la tradition nous trompe. M. Steapleton
pensait que les mines d'or de Pilat étaient non-
seulement réelles, mais que leur richesse présu-
mée devait être immense.

Pendant quelque temps, le limpide ruisseau
traverse paisiblement et avec un doux murmure
l'odorante prairie ; mais bientôt sa pente s'incline
et son lit se trouve embarrassé par les débris des
rochers qui l'enserrent ; il gronde, écume et

arrive enfin à la cascade appelée le *Saut-du-Gier*.

Si vous voulez jouir d'un spectacle splendide, descendez avec précaution, afin d'avoir en face la chute d'eau. Le ruisseau paraît immobile, et vous voyez de larges bandes blanches qui paraissent étendues sur un lit de rochers, sans que vous puissiez distinguer si c'est de l'eau. Puis, enfin, l'illusion se dissipe, les lignes blanches s'animent; le torrent bruit comme le tonnerre au lointain et forme deux cascades. L'eau qui se précipite d'une hauteur de trente mètres, se partage en masses mouvantes d'une éclatante blancheur : on dirait d'immenses touffes de duvet agitées par le vent qui les divise de mille façons. La position verticale de cette nappe lui donne une grande vitesse, et le rocher qui la reçoit l'éparpille en gouttelettes dont les plus grosses arrosent le sol à plusieurs toises de distance; les plus fines se disséminent sous forme de brouillards ou bien se dispersent en vapeur invisible qui rafraîchit l'air des environs.

Ce paysage est certainement un des plus saisissants de la montagne. D'un côté, l'escarpement pittoresque des lieux, les sapins qui encadrent tout d'une broderie noire; à nos pieds, le torrent dont le bruit incessant est la seule voix de cette solitude.

M. Steapleton était dans le ravissement; il avait choisi un tertre ombragé d'où il pouvait embrasser tous les détails de ce site majestueux, qu'il dessina

et qu'il trouva cent fois supérieur aux cascades de
Pisse-Vache et de *Tourtemagne* du Valais.

Nous quittâmes la rivière aux ondes de cristal,
que nous aurions voulu pouvoir retenir dans ces
lieux, mais une force irrésistible l'entraîne ; elle
aussi veut voir le monde et avoir sa place dans la
civilisation. C'est ainsi, je crois, que l'on dit :
Voyez-là à Rive-de-Gier ! Le cristal de ses eaux,
comme celui du Furens à Saint-Etienne, s'est
changé en boue, et son lit blanc de granit n'est
plus que du limon.

Oh ! pourquoi, lorsque le ciel a marqué notre
naissance loin des cités et dans les lieux ignorés,
pourquoi quittons-nous ce berceau d'innocence et
de bonheur ? Quelle fatalité pousse tant d'existen-
ces à venir dans l'atmosphère fiévreuse, malsaine
des villes, où se perdent les pensées virginales de
la jeunesse, les vives et brillantes espérances d'un
calme avenir ! Solitude affreuse où le pauvre et le
faible se trouvent seuls au milieu de la foule, et
qui voient les yeux se détourner d'eux et les oreilles se faire sourdes ! La misère et l'opulence, le
bonheur et l'infortune, s'y croisent sans cesse, s'y
rencontrent sans s'y voir : ce sont deux mondes
séparés l'un par l'égoïsme, l'irritation, la haine !

A ces réflexions, mon compagnon de promenade
répondit que je n'étais pas juste dans mes appré-
ciations de la société dans les villes.

— Je sais, lui répondis-je, qu'il y a encore par-

mi les hommes des âmes d'élite que la Providence
a marquées pour conserver le souvenir de la vertu
sur la terre. Mais pour un noble cœur, dont la
sympathie n'est pas un mensonge, combien de
méchants, d'envieux, de lâches, de traîtres, qui ca-
lomnient en se jouant, qui ruinent leurs semblables par des manœuvres que le succès ne devrait
jamais justifier.

— La découverte d'une perfidie et de quelques
êtres pervers ne doit pas nous faire trop générali-
ser, continua le bon Anglais. Je n'ignore pas
qu'on heurte dans sa route bien des misères, et
qu'il faut quelque courage pour supporter avec
une paisible égalité d'âme toutes les perversités
qui nous entourent. Mais les hommes sont ainsi
faits, et puisque enfin nous devons vivre parmi eux,
soyons indulgents pour leurs défauts ; montrons-
nous pleins de douceur dans nos rapports avec
eux, car ils sont tels, ces pauvres hommes, qu'il
faut aller parmi eux les mains pleines de pardon ;
qui n'a pas soi-même quelque chose à se faire par-
donner, et alors comment jeter la pierre à son
frère ?

— On n'est pas toujours sûr d'avoir en réserve
une suffisante provision de pardon. Alors, monsieur, pour apaiser les tempêtes intérieures, il vaut
mieux vivre dans le sein de l'obscurité, mettre un
frein à ses désirs et se soumettre aux lois simples
de la nature. Et si la douceur d'une amitié vraie,

d'une confiance intime vous manque, je m'en con-
solerais facilement pour mon compte, en repor-
tant cette affection à Dieu et à ses œuvres : aux
choses inanimées, aux rochers, aux arbres, aux
oiseaux, aux beaux insectes, etc. Ne vous semble-
t-il pas, en effet, que tous les êtres de la création
sont des amis que Dieu nous a donnés ?

— Aussi n'ai-je pas encore compris qu'on pût
se croire malheureux, isolé, dans la solitude. Que
d'êtres et de choses vivantes peuplent autour de
nous l'univers et récréent nos regards ! Tout ce qui
se meut, tout ce qui végète, les arbres, les vents,
la pluie, le jour, tout cela n'a-t-il pas une existence,
un langage pour nous ? Cette fleur qui croît, qui
souffre, qui se colore ou languit, n'est-elle pas pour
vous un ami, dont vous recevez les confidences, le
sourire ou l'adieu ? Et cet oiseau, ne vous jette-t-il
pas, en fuyant, de charmantes paroles ? Qui pourrait, avec ce soleil sur nos têtes et ces tapis sous
nos pieds, conserver au cœur des sentiments de
haine pour ceux de nos semblables qui ont voulu
nous nuire?

Ici, les noirs idées qui nous agitent dans le
monde se dissipent comme les voiles de la nuit à
l'approche de l'aube matinale, et notre âme, en
présence de ces beautés de Dieu, s'élance vers ce
créateur puissant, qui, après avoir orné ces masses superbes de tant de magnificence, ordonne à
mon cœur de battre et à mon âme de penser. Je

n'ai aucune propension à peindre le mal et les
méchants. J'ai trouvé, il est vrai, les hommes et le
monde moins purs que je ne l'avais rêvé ; mais
ces bois sont-ils moins beaux, le ciel est-il moins
serein et notre ruisseau moins limpide ?

Notre conversation, qui avait pris une tournure
tout-à-fait philosophique, changea de forme et
d'objet lorsque nous fûmes revenus sur le sommet
de la montagne.

Il existe sur les plus hautes élévations du Pilat
des monceaux de pierres, appelées dans le pays
chirats. Leur forme est très-irrégulière et leur
position ne paraît, en aucune manière, avoir été
le résultat de quelque ouvrage humain. On dirait
volontiers que ces pierres ont été lancées et jetées
au hasard, ou qu'elles sont tombées de quelque
hauteur voisine, si les lieux où elles se trouvent
ne dominaient pas tous les environs. Au dire de
notre compatriote, Alleon Dulac, Buffon aurait
expliqué la formation de ces chirats dans sa
Théorie de la terre. Je n'ai pas l'ouvrage sous les
yeux et je ne puis rien dire sur cette explication.

Ceux qui prétendent que ce sont les restes
d'une forteresse bâtie par César, afin de maintenir
les peuples nouvellement conquis de cette partie
de la Gaule, se trompent étrangement, car on
apercevrait des traces de l'ouvrage des hommes :
le marteau et le ciseau eussent marqué sur ces
pierres, qui sont toutes brutes.

Sur la montagne qui domine Trieste, entre cette ville et Laybach, en Illyrie, j'ai vu de pareils amas de pierres, mais sur une étendue de plusieurs lieues. J'ai interrogé des hommes de science et je n'en ai pas plus appris que nous n'en savons sur les *chirats* de Pilat.

J'ai lu dans les *Annales de la Société savante de Saint-Etienne*, année 1827, page 232, qu'on trouve à Pilat d'énormes blocs de pierres, diversement disposées. Les unes ont une forme triangulaire et sont posées en travers sur deux forts pilliers ; quelquefois c'est une seule pierre sur laquelle repose un autre bloc. Je n'ai pas remarqué ces monuments, qui seraient de véritables monuments druidiques. *Cromlechs menhir, dolmen,* etc.; mais je ne contesterai pas leur existence pour cela ; ils ont pu m'échapper, parce que mon attention était portée sur d'autres sujets, ou bien parce que je ne me suis pas arrêté juste à l'endroit où ces pierres druidiques se trouvent.

Leur existence est d'autant plus probable, que le culte druidique, se cachant dans les forêts et dans les lieux retirés, ne pouvait trouver un temple plus digne pour son enseignement et plus mystérieux pour ses cérémonies. Cette montagne couverte de bois, et à peu près inaccessible alors, dut probablement servir de refuge aux druides, lorsque l'empereur Claude proscrivit leur culte sanguinaire.

La tradition locale a conservé le souvenir de ces vierges sacrées ou druidesses, dont le pouvoir fut si grand en Gaule avant la conquête romaine. On montre dans le pays plusieurs grottes ou lieux retirés où vivaient les *fayes* ou *fées*. Duchoul rapporte « qu'on voyait, dans son temps, la « maison des *fayes, fatalium,* nom qu'elles por- « taient dans l'antiquité. Elle est bâtie sur les « ruines d'un ancien édifice, qui, dit-on, était « habité par des *lemures,* ou esprits malins. Je « n'en ai jamais vu aucune durant le séjour que « j'y ai fait. Au surplus, on sait fort bien que le « diable habite souvent les maisons particulières « comme les palais des rois. »

Ces prêtresses de la religion druidique frappaient fortement l'imagination de nos vieux ancêtres par des prestiges et par la divination. Les souvenirs altérés les transformèrent en génies bienfaisants ou malfaisants qui possédaient un don surnaturel. Partout, dans le pays, on raconte quelque histoire de fées. J'ai connu un vieux paysan qui m'assurait avoir, une nuit qu'il était à scier des planches, reçu la visite d'une fée ; il accueillit fort mal la demande qu'elle lui fit de quelques provisions de bouche, et elle se retira. « Depuis l'Evangile de saint Jean, ajoutait mon paysan, les fées, les lutins et tous ces diables ont disparu [1]. »

---

[1] C'est une croyance générale dans les campagnes que l'Evan-

Un matin, pendant que M. Steapleton s'habillait, j'étais à la recherche des inscriptions murales qui avaient pu m'échapper ; je lus dans un coin de mur ces mots écrits en gros caractères : « Jean-Jacques Rousseau est venu herboriser à Pilat au mois de juillet 1769, et il a couché dans cette chambre. »

— Vous avez eu l'insigne honneur de dormir dans le même lit, peut-être, où reposa le grand citoyen de Genève, l'Erostrate éloquent, le sophiste disert, dont les paradoxes séduisants ont tant dérangé de cervelles. Je savais qu'il était venu à Pilat, mais j'ignorais qu'il y eût couché.

Je me rappelle une circonstance de ce voyage que m'avait racontée mon grand-père. La nouvelle s'était répandue à Doizieux que l'auteur de la *Nouvelle-Héloïse* et de l'*Emile* allait visiter la montagne de Pilat. Aussitôt, les notables crurent qu'il était de leur devoir d'aller le complimenter. Une harangue fut préparée : le notaire Perrier devait porter la parole. Le discours du garde-note était pompeux, et les députés comptaient beau-

gile de saint Jean a eu pour effet de faire disparaître les lutins, les fées, les sorciers, les loups-garou. Comment s'est propagée cette croyance et à quelle époque ? Je n'en savais rien. Dans un voyage en Orient, je voulus visiter la pauvre île rocailleuse de Pathmos, où le disciple bien-aimé de Jésus-Christ, exilé par Domitien, écrivit l'Evangile et l'Apocalypse. J'appris d'un moine grec que lorsque saint Jean écrivait son Evangile, les mauvais esprits, les éléments eux-mêmes avaient respecté sa retraite. C'est sans doute de là que nous est arrivée cette légende altérée par la superstition dans nos campagnes.

coup sur l'effet qu'ils allaient produire. Le sommet du Pilat était bien propre à échauffer le génie poétique de Rousseau, qui, en retour, ne leur marchanderait pas une réponse éloquente. Ils furent cruellement trompés, et leur amour-propre souffrit de l'accueil qu'ils reçurent. Ils rencontrèrent l'auteur de *Julie*, assis par terre, effeuillant des fleurs ; il ne se dérangea pas et ne répondit à la harangue que par ces mots : *Auriez-vous, par hazard, rencontré mon chien, que j'ai perdu dans la forêt ?* Mon grand-père ajoutait que ce pauvre Perrier ne s'était jamais consolé de sa mystification.

M. Steapleton devait quitter ce jour-là le Mont Pilat pour aller coucher à Saint-Chamond ; j'allais de mon côté continuer mon pèlerinage. La matinée était brumeuse, noire, humide, comme cela n'arrive que trop souvent sur les montagnes. Le brouillard avait envahi le sommet et se déroulait en suivant les sinuosités des collines, des ruisseaux, des clairières du bois. La brise du printemps n'était pas d'abord assez forte pour soulever ce voile de nuages laineux. Le soleil tenta à plusieurs reprises d'infructueux efforts pour se montrer ; il en résultait des effets de lumière tout à fait nouveaux. Les lieux prenaient une teinte incertaine qui ajoutait à la splendeur du paysage. Enfin, vers midi, le combat cessa, et le soleil sortit victorieux de sa lutte avec les brouillards,

qui furent refoulés sur les flancs de la montagne :
les nuages blancs, semblables à la mer, vue d'une
hauteur, s'étendaient sur les vallées qu'ils appla-
nissaient. Les distances étaient rapprochées : les
Alpes, les montagnes de l'Auvergne, les villes, les
villages, touchaient à cette surface plane que
nous dominions ; nous n'avions pas encore vu
notre Pilat sous cet aspect.

Il y a douze ans, j'avais été témoin d'une tempête que me rappelèrent les brouillards qui
s'étendaient à nos pieds : j'étais sur le même pic
où nous nous trouvions. Le soleil avait été brûlant ; vers le milieu du jour, des flocons de nuages, chassés vivement par le vent du Midi, rasè-
rent le *Crêt-de-la-Perdrix*, gagnèrent la forêt, et
puis tout redevint serein sur le sommet. Cependant, les flocons de brouillards avaient augmenté ;
je les voyais s'étendre jusqu'au pied de la montagne et atteindre le bourg de Doizieux : je ne dé-
couvrais qu'une surface noire et compacte. Bientôt
un bruit étrange résonna à mes pieds, répété par
les mille échos des vallées : c'était le tonnerre,
précédé de la longue traînée de flamme des
éclairs. La surface noire se mit en mouvement et
la tempête commença.

Il me serait impossible de donner une idée du
spectacle auquel j'assistai : sur ma tête, un soleil
éclatant et sur la montagne le calme d'une belle
journée ; à mes pieds, la foudre qui éclate, brise,

brûle, détruit et renverse les arbres, les rochers.
J'entendais les torrents grossis par l'orage se précipiter avec un bruit horrible, les sapins gémir
sous les raffales de l'ouragan ; puis le tonnerre
ne gronda que faiblement et le beau temps repa-
rut ; mais lorsque je descendis, quelles traces
avait laissées de son passage cette courte tempête !
Les arbres déracinés, les récoltes perdues, des
familles dans la misère. Cette vue me fit regretter
le plaisir que j'avais pris à contempler du haut
de la montagne ce terrible combat des éléments.

— Ne craignez rien de semblable pour les habitants de Doizieux, me dit M. Steapleton ; le
brouillard que nous voyons n'a aucun mauvais
vouloir, il nous annonce seulement que la série
des belles journées est suspendue et qu'il faut
quitter la montagne.

— Je pense comme vous, Monsieur. Les beaux
jours ne durent guère ici ; mais avouez que pour
voir dans tout l'éclat de sa parure notre belle
montagne, on n'achèterait pas trop cher ce plaisir
en le payant par plusieurs mauvais jours d'attente.

— J'ai peut-être visité des lieux plus splendi-
des, essaya doucement de me faire comprendre
mon nouvel ami, quoique votre montagne m'ait
paru d'une beauté à laquelle je ne m'attendais
pas ; cependant je m'explique votre enthousiasme
par les souvenirs qu'éveillent chez vous ces lieux.
Pilat est certainement une magnifique montagne,

mais elle sera toujours pour vous sans pareille au monde.

— Adieu, Monsieur ; j'espère vous revoir et nous reparlerons de Pilat.

J'ai revu à Paris, il y a quelques mois, ce charmant compagnon de courses, ce causeur si attachant, et notre nouvelle rencontre cimenta un agréable lien de bonne amitié.

Mais nous sommes à Pilat, que nous quittons tous les deux : lui pour retourner à Lyon, et moi pour descendre à Doizieux.

CHAPITRE IX.

Il paese de miei padri.

SILVIO PELLICO.

Heureux qui, comme Ulysse, a fait un beau voyage
Ou comme celui-là qui conquit la Toison,
Et puis est retourné plein d'usage et raison
Vivre entre ses parents le reste de son âge !
Quand reverrai-je, hélas ! de mon petit village
Fumer la cheminée, et en quelle saison
Reverrai-je le clos de ma pauvre maison,
Qui m'est une province et beaucoup davantage ?
Plus me plaît le séjour qu'ont bâti mes aïeux
Que des palais romains le front audacieux,
Plus que le marbre dur me plaît l'ardoise fine,
Plus mon Loire gaulois que le Tibre latin,
Plus mon petit Liré que le mont Palatin,
Et plus que l'air marin la douceur angevine.

JOACHIM DU BELLAY.

Amitié ! nature ! patrie !
Que celui qui vous injurie
N'éprouve jamais vos douceurs.
Régnez sur mon âme attendrie.
Qu'il me soit toujours inconnu
Le mortel qui, sans être ému,
Prononce le nom de sa mère,
Embrasse un ami d'un œil sec,
Et ne sourit pas à l'aspect
De la cabane de son père.

BONNARD.

Je conseille au lecteur de passer ce chapitre

d'impressions intimes ; mais pour moi, je ne saurais me résoudre à ne pas l'écrire.

Je descendais le sentier bien connu. J'étais insensible aux objets : mes sapins, les arbustes, la mousse plus douce que le duvet, ne m'arrachaient pas un regard. Je pressais le pas pour découvrir plus tôt le toit paternel. Je savais dans quel endroit de mon sentier les arbres allaient s'éclaircir et me permettre de l'apercevoir. Je la vois enfin, ma pauvre chaumière avec son toit rouge, je vois le champ pierreux qui l'avoisine et le rocher menaçant qui la domine. « Salut à toi, « terre de ma patrie, ciel de ma patrie, soleil de « ma patrie ! Vallées et collines, ruisseaux limpides, salut à vous de cœur ! Que cet air des « montagnes natales est doux ! Quelle joie salutaire « vous répandez sur le pauvre fugitif, en déroulant à son âme ses années d'or, les années de « mai de son enfance ! Oh ! que de beautés nouvelles je découvre aujourd'hui [1] !...

Je m'étais assis sous le mélancolique ombrage des sapins, au milieu du silence de la forêt ; rien ne vint me distraire de mes rêveries. Je pleurai avec délices, et puis, les yeux fermés, la tête dans mes deux mains, je refis mon histoire. Hélas ! c'est une triste histoire ! Je parcourus avec les yeux de l'âme ces horizons dorés d'une félicité

[1] Schiller.

chimérique et que mon imagination agrandissait sans cesse.

Je vous voyais, ma mère ! avec vos traits si doux, votre voix si caressante et vos tendresses d'autrefois. Je vous tendais les bras, je croyais vous toucher. J'aurais voulu me mettre à genoux devant vous pour vous dire que si vous m'aviez tant aimé, que si vous aviez répandu tant de bonheur sur mon enfance et sur ma jeunesse par votre vigilante affection, qui me suivit partout, mon cœur vous rendait tous ces trésors d'amour. Je voulais vous montrer les larmes de joie que m'arrachait votre présence, alors, hélas ! que je vous possédais !

O ma mère ! je vous ai perdue! Vous avez, jeune encore, abandonné votre fils, lorsqu'il avait tant besoin de vos conseils et qu'il devait espérer vous posséder longtemps. Je n'aurai plus à mes côtés votre bienveillant regard, vos caressants encouragements ! Oh ! que de fois, dans mes jours d'accablement, je suis venu demander à vos cendres du courage et de la résignation ! Que de fois je vous ai suppliée de veiller encore sur votre fils, du séjour heureux où vos vertus vous auront placée !

Mon cœur se serrait douloureusement en pensant à toutes les personnes chéries que j'avais perdues ; mon frère, mort à vingt ans, fort, robuste, et qui fut le seul ami vrai de ma vie ; mon père,

mort dans la force de l'âge, dont l'existence fut
si triste et qui lutta en vain contre deux ou trois
méchants, sans avoir pu se préserver de la ruine.
Si vous aviez pu savoir combien j'ai souffert de
mon isolement, vous ne m'eussiez pas abandonné,
ô vous tous, chers morts que je pleure ! Je viens
aujourd'hui visiter les lieux où nous avons vécu
ensemble ; tout me rappellera votre présence, et
cette partie immortelle de notre être que la matière ne contient pas, et d'où émanent les célestes
affections, me suivra pour répondre à mes émotions, et je ne me croirai pas étranger dans ces
lieux.

Noble faculté de l'âme, qui fait revivre le passé
et le peuple de tous les êtres que nous avons
aimés, vénérés, et de tous ceux que nous avons
pleurés.

J'étais là, perdu dans la solitude, et ma pensée
ramenait autour de moi les images qui avaient sé-
duit mon esprit et charmé mon cœur. Espérance
dorée de la jeunesse, prestige de l'amour, région
poétique, monde idéal dont j'ai connu les décep-
tions, que je voudrais au prix des regrets les plus
douloureux, des larmes les plus amères, pouvoir
vous rappeler !

Je me mis enfin à descendre, en ajournant tant
d'autres souvenirs qui m'arrivaient en foule. Je
touchais au bas de la forêt, et j'avais traversé
mon clair ruisseau de *Dorley*, qui met en mouve-

ment les pittoresques usines à scier les planches.
A quelques toises de la maison paternelle, j'a-
perçus deux joyeux enfants qui se roulaient dans
un pré. Le pas de mon cheval attira leur attention : ils cessèrent leurs jeux pour me voir. Je ne
connaissais que l'aîné des enfants de ma sœur,
mais j'étais persuadé qu'un de ces petits garçons,
le plus pétulant, était mon neveu. Je lui demandai le nom de son père ; mais au lieu de me répondre, il ouvrit de grands yeux et se mit à me
regarder avec étonnement ; puis il voulut savoir si
je n'étais pas son oncle, que sa mère attendait. Je
l'avais à peine embrassé pour lui prouver qu'il ne
se trompait pas, que déjà il était parti en courant,
pour aller sans doute annoncer la bonne nouvelle.

Elle accourut au-devant de moi, ma bonne sœur,
et nous nous embrassâmes sans pouvoir nous
dire un mot. Nous nous taisions, surpris par une
de ces émotions qui saisissent les âmes trop
pleines ; mais si nos lèvres étaient muettes, un entretien mystérieux continuait entre nos pensées ;
les pleurs qui nous suffoquaient nous en disaient
trop clairement le sujet. Nous nous répétions, en
silence, combien de bonheur amenait autrefois
mon retour dans cette humble maison, alors que
la mort n'avait pas frappé tant de personnes bien
chères, car, comme celle de Silvio Pellico, toute
notre famille s'était toujours tant aimée ! *Tutta
la nostra famiglia s'era sempre tanto amata !*

Cependant, la jeune famille, qui s'était fait une
fête de mon arrivée, ne comprenait rien à notre
tristesse. Les pauvres enfants ne s'attendaient pas
à ce que l'arrivée de leur oncle fût un sujet de
chagrin pour leur mère. Chers enfants! combien
votre vue m'était douce ! Et quand nous eûmes fait
plus ample connaissance, combien vos caresses
me charmèrent! Leurs devis enfantins et une cau-
serie bien longue, bien intime avec ma sœur, nous
avaient conduits, sans nous en douter, très-avant
dans la nuit.

Le lendemain, les premières lueurs du jour me
trouvèrent levé et gravissant le rocher qui surplombe sur la maison. L'air frais du matin et la
vue de ces lieux bénis rassérénèrent ma pensée.
Je me reposai un instant au sommet de cette
aiguille de granit qui abrite, en le menaçant, le
pauvre toit paternel, comme la tour féodale. Je
visitai ensuite de petits réduits, tapissés de gazon
et de mousse, où j'avais passé de charmantes heures à dévorer les pages de mes auteurs favoris :
Châteaubriand, Lamartine, etc.

Ce fut avec un religieux recueillement que
j'entrai dans ma chambre, non pas dans celle où
je venais de passer la nuit, mais dans ma chambre d'autrefois, et que j'avais fait bâtir moi-
même.

C'est un tout petit appartement, où se trouvaient
mon lit, une table, mes livres, des chaises en

paille, quatre belles gravures à cadre doré et une
cheminée en pierre : voilà tout. Mais combien ce
pauvre mobilier me paraissait somptueux ! Il eut
fallu voir les préparatifs ingénieux que ma mère
faisait, alors que j'arrivais en vacances ! Elle
veillait avec une tendre sollicitude à ce que tout
fut lavé, frotté, reluisant, et que deux draps bien
blancs et raisonnablement fins recouvrissent le lit
de son enfant chéri. Nous étions bien heureux
pendant ces deux mois, quelquefois trois, que
nous passions ensemble toutes les années ; je ne
vous quittais pas, ma bonne mère, nous vivions
presque dans la petite chambre où nous man-
gions, où je vous faisais la lecture, où nous
causions si longuement, pendant que mon frère
et ma sœur s'occupaient quelquefois bruyamment
autour de nous !

Merci ! ô ma mère de tous vos soins ! Vous
savez combien j'aurais voulu vous en témoigner
ma reconnaissance, et quels beaux rêves d'avenir
nous faisions ! J'ai du moins la satisfaction de me
dire que je ne vous ai jamais causé un chagrin,
tant que vous avez vécu : il y a quinze ans que je
vous dis adieu pour la dernière fois ; vous voulûtes
mourir sur le lit de votre fils, entre ses bras : —
Bénissez mes enfants, ô mon Dieu ! disiez-vous,
et pardonnez-moi si je les ai tant aimés ! et puis
vous mourûtes. Sur ce même lit, moururent plus
tard et mon frère et mon père ; puissé-je moi

5

encore aller chercher le repos dans ma pauvre chambre abandonnée !

Ho ! ne quittons jamais le seuil de notre porte,
Mourrons dans la maison où notre mère est morte [1].

Il n'est pas un site de la forêt, pas un frais ombrage, une limpide source que je ne connusse ; j'allais, dans ce temps regretté, mon fusil sur l'épaule, suivi de mon fidèle *Barbillot*, chasser *aux écureuils* ; ma carnassière renfermait quelquefois un livre, de la musique, et dans les moments de relâche que j'accordais aux charmantes petites bêtes, je lisais les *Martyrs*, les *Méditations*, ou je réjouissais les habitants de ces lieux solitaires par les sons éclatants de ma clarinette ; aujourd'hui mon instrument de choix ne se fait plus entendre qu'aux guinguettes ou au Conservatoire ; mais alors ? et j'étais même d'une assez jolie force : plus d'un paysan de Doizieux dirait qu'il a souvent abaissé sa hache pour écouter une marche guerrière, ou tout autre morceau d'un mouvement animé, que j'exécutais avec l'accompagnement du vent dans la forêt.

Ma belle clarinette en ébène aux nombreuses clefs d'argent est depuis de longues années déposée dans un coin, mon *Barbillot* est mort de vieillesse, et je n'entendrais rien, sans doute, à la chasse des écureuils.

---

[1] Brizieux.

Je m'acheminai donc du côté du bois, sans projet arrêté, montant et suivant les ondulations du terrain, occupé à renouveler connaissance avec les vieux arbres que la hache avait respectés, et à faire une politesse aux nouveaux venus : je lus mon nom sur l'écorce d'un de ces hardis fayards, avec la date de 1822, et je m'assis à l'ombre de ce hêtre et j'y demeurai longtemps.

D'innombrables sources d'eau glacée jaillissent à chaque pas dans la forêt. La plus remarquable c'est *Font-Claire* qui donne naissance au Dorley et que je voulus revoir. Comme autrefois, une échancrure étroite me laissait apercevoir la maison paternelle, les vallées qui encadrent Doizieux, les roches pendantes et les prairies vertes. J'éprouvais un grand bien-être auprès de ma limpide source, dont le murmure m'invitait doucement à rêver. Je ne fis pas de façons, et j'entamai une attachante conversation avec moi-même.

J'ai été élevé, me disais-je, avec une tendresse, avec une bonté que j'admire bien davantage depuis que je connais les hommes. Que de bienveillantes caresses m'ont été prodiguées dans la maison de mon grand-père maternel ! Avec quelle reconnaissance je me rappelle ces grands parents qui me gâtaient à l'envi ! Mais je n'ai jamais rien aimé plus profondément que ma mère. Il me semble aujourd'hui que si j'avais su alors combien son dévouement était grand et son caractère unique peut-être dans le monde, mon affection eût été encore plus vive. La sainte femme a vécu de privations pour faire instruire ses enfants, et qui pourrait dire les larmes qu'elle a versées sur la perte de notre humble fortune ! Je me souviens de mille traits de sa vie de martyre, qui me paraissaient presque ordinaires dans ce temps-là et qui m'arrachent maintenant des larmes de désolation.

Je passai plusieurs heures dans ces méditations intimes : elles avaient l'amertume du regret, mais aussi la douceur de l'espérance. L'âme se déchire au souvenir des personnes aimées que la mort nous a ravies, mais elle nous confirme l'espoir de les revoir un jour dans un monde où il n'y aura plus de séparation. C'est surtout dans ces moments de cruels abattements qu'on bénit nos divines croyances et qu'on sent combien l'homme serait misérable s'il n'avait pas la parole de Dieu. pour sa consolation.

Mais voilà que le soleil a quitté la cime des sapins, les oiseaux ne font plus entendre qu'un faible gazouillement, avant-coureur de leur repos, et l'*Angelus* qui sonnait au village m'avertissait des approches de la nuit.

CHAPITRE X.

Doizieux.

Que celui dont l'enfance, ennuyée, stérile,
A langui tristement au milieu d'une ville,
Dans une cour obscure, une chambre où ses yeux
A peine entrevoyaient la verdure et les cieux,
Se raille du passé, le dédaigne et l'offense.
Hélas ! le malheureux, n'a jamais eu d'enfance ;
Il n'a pas grandi libre et joyeux, en plein air,
Au murmure des pins, sur les bords de la mer.
L'odeur de la forêt, et pénétrante et forte,
N'a point trempé ses sens. . . . . .

BRIZIEUX MARIE.

Le premier village que l'on rencontre
à l'entrée de ces forêts (de Pilat) est celui
de Doizieux. L'homme y est *pauvre,
mais religieux et probe.*

*Pilati montis et Diosiaci,
in Gallia descriptio.*

AUCTORE DUCHOUL.

Il y a plus de trois cents ans, l'historien de notre pays rendait ce beau témoignage de nos ancêtres : *pauvres, mais religieux et probes.* Je ne sache pas, mes chers compatriotes, que vous soyez devenus des *Crésus* depuis le xvi° siècle. Je

ne m'en afflige pas, Nous devrions tous répéter
avec l'Espagnol : *Pobrezza : non é Villezza*. Etes-
vous restés *religieux et probes?* Je le crois, moi
qui vous ai connus.

Conservons avec soin cette bonne renommée qui
date de loin : c'est une noblesse et des meilleures.
Votre honnêteté remonte plus haut que l'illustration de bien des maisons qui brillent aujourd'hui.
L'exemple des bonnes qualités de vos ancêtres
doit être la règle de votre conduite. Il ne faut pas
que nos vieux ascendants aient à rougir de leur
race. Dans les veillées d'hiver, au coin du feu,
vous aimez à vous entretenir de votre père, de
vos aïeuls ; c'est le plus loin que votre souvenir
puisse atteindre, mais allez plus avant, et vous
découvrirez les bisaïeuls, les trisaïeuls et plus
encore, et cette filiation vous montrera toujours
des hommes *religieux et probes*. S'il est vrai que
Noblesse oblige, souvenez-vous que la famille
oblige plus impérieusement, si c'est possible. Mais
qu'ai-je besoin de vous faire un prône ? Le naïf
Duchoul avait connu nos parents *religieax et
probes ;* j'aime à croire que vous n'avez pas répu-
dié le saint héritage de nos ancêtres.

Un peuple dont on peut rendre un pareil témoignage vaut bien la peine qu'on s'occupe de lui,
quelqu'inconnu, modeste et pauvre qu'il soit. Je
veux donc consacrer ce chapitre à l'histoire de
Doizieux, par respect pour la vieille et bonne répu-

tation de ses habitants, et ensuite pour l'affection que je porte à des compatriotes que j'ai toujours aimés.

Hé ! qui pourrait y trouver à redire ? Est-ce donc chose si commune, par ces temps de désordre moral, qu'une population résignée dans son travail, fidèle aux pratiques de la religion et qui ne rêve pas de s'enrichir aux dépens du voisin ? Que les grands propriétaires de bois et les gens qui méritent confiance nous disent si aux plus mauvaises époques révolutionnaires les habitants de Doizieux, à l'exemple de tant de populations égarées, ont ravagé la forêt, pillé les maisons, les châteaux, les églises, ou se sont livrés à ces saturnales sanglantes dont le récit a épouvanté nos jeunes imaginations ?

Et puis, après tout, de plus petits pays ont eu leur histoire. La république de Saint-Marin n'a que deux lieues de diamètre, et elle n'a pas manqué d'historiens. La république d'Andorre est plus petite encore, et on en a parlé et beaucoup. Dans la Grèce, l'Attique est certainement moindre que la moitié du plus petit de nos départements, et pourtant, si l'on mesurait son étendue, au bruit qu'elle a fait dans le monde, elle serait la plus vaste des régions.

Ce rapprochement de la Grèce et de Doizieux paraîtra un paradoxe d'un goût équivoque. Je prie le lecteur, si lecteur il y a, de ne pas me faire plus crétin que je ne le suis. La Grèce a été le soleil qui a éclairé le monde ; et je lui en suis, pour ma part, immensément reconnaissant, malgré les déboires que m'ont causé, il y a longtemps, ses plus illustres écrivains. Mais si je parle du pays, en lui-même, de sa configuration physique, abstraction faite du rayonnement intellectuel de son peuple, la Grèce est un pays affreux. On y arrive, l'imagination remplie des plus fraîches peintures, et en réalité on découvre une terre rocailleuse, des montagnes nues, pelées, arides, des campagnes sèches, des rivières sans eau. Peut-être bien que la Grèce actuelle n'est que le squelette de la Grèce ancienne avec un *manteau de souvenirs ;* soit, mais je préfère Doizieux, avec ses forêts, ses ombrages, ses eaux claires et la bonne renommée que lui a fait Duchoul.

Je pourrais, sans de grands efforts, poursuivre un rapprochement qui ne serait pas au désavantage de mon pays ; je me contenterai de deux ou trois faits concluants. Les abeilles du Mont Hymette ont résisté à la marche des siècles, leur miel est toujours clair, limpide, mais trop sucré. Le miel de Doizieux est plus sapide, plus parfumé avec sa belle couleur de topaze.

Les fleuves de l'Attique, le *Céphise*, l'*Illisus*, sont des mythes. Dans le lit du dernier, j'ai trouvé quelques gouttes d'eau qui ne couvraient pas le sabot de mon cheval. Quant au Céphise, il a

disparu, avec les jardins d'Académus qu'il traver-
sait. Allez donc voir le *Dorley* à Doizieux, et en
janvier, comme au temps de la canicule, son eau
vous réjouira par son abondance et sa limpidité.

La commune de Doizieux dépend du canton de
Saint-Chamond. Elle est circonscrite dans son
contour par *Lavalla, Grais, Colombier, Véranne,
Pélussin, Pavezin, Farnay, Saint-Paul* et *Saint-
Martin-Coailleux.*

C'est au pied du Mont Pilat, dans l'endroit le
plus resserré du lit granitique de *Dorley*, que se
cache le bourg de Doizieux. Des deux côtés du
ruisseau, d'effrayants blocs de rochers se mirent
dans le cristal des eaux, çà et là quelques étroites
pentes que l'homme a cultivées : de beaux arbres
à fruits, dont les racines se cramponnent aux
fentes du rocher, ajoutent à l'embellissement de
ces jardins *suspendus.* Les maisons fantastiques,
hardies, pendent en guirlandes aux flancs des
roches, comme si quelque architecte tombé du
ciel, les eût attachées sur ces abîmes : éparpillées
capricieusement au hasard, elles n'ont pas songé
à s'aligner en rues ; mais rien ne manque à l'effet
pittoresque de l'ensemble de cet étrange bourg.
C'est sauvage, rude et sombre, et pourtant at-
trayant.

Arrêtons-nous quelques minutes sur la grande
place du village, où de mon temps se réunissaient
les beaux danseurs campagnards.

Au milieu, une majestueuse et séculaire croix
en pierre, bien ouvragée, bien ornée, et de la
belle époque du seizième siècle, étend ses bras sur
ce peuple croyant. De sa base s'échappaient autrefois deux jets abondants d'une eau vive ; cet ornement, d'une grâce charmante et d'une utilité
incontestable, est détruit. La belle croix, elle-
même, si on n'en prend souci, sera renversée par
quelques raffales du vent.

A droite, à gauche, apparaissent les maisons
échelonnées jusqu'au ruisseau. Au point le plus
élevé, du côté du Midi, s'élèvent l'église et son
clocher. La maison de Dieu ne fut d'abord, c'est
probable, qu'une chapelle du château qui était
construit sur le rocher, appelé encore aujourd'hui
Château-Vieux. L'édifice féodal a disparu. Nos
grands-pères ont vu ses ruines, qui ont servi à
construire une fabrique pour la soie ; il ne reste
debout qu'une vieille tour quadrangulaire de plus
de cent pieds d'élévation et dont la solidité peut
braver les siècles. Cette tour est du plus bel effet ;
elle nous sert à juger quelle devait être l'aspect
formidable du vieux manoir, dont elle aidait à
défendre un des côtés. Malheureusement, on l'a
badigeonnée sans la moindre raison. Les vieux
monuments ne doivent être touchés qu'avec
respect ; il faut les préserver de la chute et puis
en éloigner les maçons.

Ici, tout près, est la pauvre demeure du vieux

curé qui m'enseigna les éléments de la langue latine dans la grammaire de Bistac. Un léger pont en bois conduit du presbytère à l'église. Enfant, je me plaisais à faire trembler ce pont aérien, sans songer que j'étais à plus de quarante pieds de la rivière et que mes secousses pouvaient me précipiter sur le lit pierreux du Dorley.

Ce murmure caressant et doux, c'est la voix de notre impétueux torrent qui s'est fait calme et paisible pour reprendre plus bas ses allures impétueuses. Ici, il réfléchit les teintes du ciel et les accidents du village ; plus loin, il anime des moulins, des usines de toute sorte. Des prairies vertes, des forêts de noyers, de châtaigners, encadrent son lit, que ne resserrent plus les masses de rochers.

Si nous remontons, du regard, à l'est c'est la colline presque perpendiculaire, dont la forêt de **Pilat** couronne le sommet. Les fermes, les hameaux, les champs cultivés, les troupeaux qui paissent, annoncent la vie, l'activité et tous les détails de l'industrie agricole.

Qui a jamais visité Doizieux avec l'œil de l'artiste ou du poète ? Personne assurément. Les artistes laissent enfouies d'admirables choses à chaque coin de la France pour aller copier les éternelles vulgarités des pays étrangers. Les grands poètes ne se dérangent par pour si peu. Résigne-toi donc mon rude pays, à vivre inconnu, et en attendant, le crayon d'un paysagiste célèbre ou les vers d'un poète en renom, je te consacre ces lignes pour te payer mon tribut d'affectueuse admiration.

Je voudrais pouvoir assigner à la population de Doizieux une brillante et très-ancienne origine, où la fable venant se mêler au merveilleux, nous donnerait une existence mystérieuse bien loin par delà les temps connus. Mais, en véridique historien, je suis contraint d'avouer que je n'ai aucune notion sur les premières époques de ce petit pays. Cette incertitude même ouvre un vaste champ aux suppositions vaniteuses. Quoiqu'il en soit, Doizieux est certainement un « ancien pays de France. » Les chartres, les diplômes des comtes du Jarest, des seigneurs de St-Chamond, du noble chapitre de Lyon, mentionnent ce nom à différentes dates reculées du Moyen-Age. Dès lors, nous pouvons affirmer, à l'exemple de certaines familles, que son origine se perd dans la nuit des temps, c'est une formule consacrée.

J'imagine qu'après la chute de l'empire romain, les Barbares qui inondèrent les Gaules pendant plus de trois siècles passèrent sans toucher Doizieux. Ses montagnes infranchissables formaient une barrière naturelle contre les envahisseurs qui ne s'amusaient pas à forcer des défilés qui ne se trouvaient pas sur la route de leur course vagabonde. Une population authoctone fut donc laissée dans ces montagnes.

La tradition, cette mémoire des peuples dans l'enfance, vient en aide à nos suppositions d'antiquité. Les hahitants de Doizieux se sont transmis de siècle en siècle le souvenir de l'invasion des Arabes dans le huitième siècle. J'ai entendu souvent raconter des histoires de ces *Sarrasins*. (On ne les appelle pas autrement.) « Ils vivaient dehors, plantaient en pleins champs des piquets pour leurs chevaux et faisaient leur cuisine auprès des meules de foin, qui ne brûlaient pas. »

J'avais pensé d'abord que cette tradition pouvait s'appliquer à quelques hordes de bohémiens ; mais le nom de Sarrazin me ramenait aux Arabes, si rudement châtiés par Charles-Martel dans les campagnes de la Touraine et l'année suivante à Lyon et dans les autres villes du Rhône.

Plus tard, la féodalité s'organise ; elle élève ses châteaux-forts et domine sur tout. C'est sur le rocher de la rive gauche du Dorley que fut construit le château de Doizieux qui porta le nom de Fernanches. Le servage résulte de la féodalité. Le serf attaché à la glèbe vient s'abriter sous les formidables murailles de son seigneur, qui était intéressé à le défendre. Telle a dû être l'origine du bourg de Doizieux.

La seigneurie des Fernanches fut sans doute possédée par une famille de ce nom. Nous n'avons, à l'appui de cette croyance, qu'une chronique ancienne qu'on lira dans le dernier chapitre. Les

comtes du Jarest, les seigneurs de Saint-Chamond
possédèrent ensuite Doizieux et les Fernanches, et
enfin, ce fut le 24 mars 1768, que cette seigneurie
de St-Chamond, Doizieux ėt autres lieux fut vendue
par Charles-Louis-Auguste de la Vieuville à messire Jean-Jacques Gallet marquis de Montdragon.
Les descendants de ce dernier sont encore aujour-
d'hui les seigneurs de Doizieux.

La Révolution commencée en 1789, et qui, au
dire de ses prôneurs a élevé si haut en dignité et en
bien-être l'espèce humaine du pays de France,
n'a pas, que je sache, amélioré en rien le sort de
de mes compatriotes. Ils sont pauvres comme
avant et n'en sont pas devenus plus gais, Duchoul
nous les peint, il y a trois cents ans, joyeux et
satisfaits. Leurs fêtes étaient des délassements
auxquels prenaient part jeunes et vieux. Ce bon
temps d'un passé si décrié n'était pas trop lourd,
trop accablant pour nos ancêtres. On en jugera par
ce passage de notre historien :

« Les jours de fête, après les saints Offices, les
paysans de Doizieux dînent ensemble, selon la coutume de leurs ancêtres. Après le festin, ils jouent
à divers jeux et s'exercent à la lutte. Leurs vêtements sont toujours les mêmes dans toutes les sai-
sons. Leur chaussure grossière est garnie de
clous pour mieux résister à la marche. Les femmes
sont assez bien faites et gracieuses ; elles chantent
bien et aiment à danser en se tenant par les mains.

Souvent, au chant rustique d'un villageois ou aux sons discordants d'un chalumeau, les deux sexes se réunissent pour la danse. Ils exécutent mille figures curieuses, levant tour à tour les pieds et les mains en cadence, croisant les bras et les mains et faisant des bonds vigoureux. »

Je respecte infiniment l'enseignement religieux de nos prêtres, et pourtant je regrette ces simples repas sous la feuillée et ces danses en plein air. Ces divertissements sont remplacés par le cabaret d'où sortent les ivrognes abrutis, malades et la poche vide. Les cabarets sont la plaie, je devrais dire la peste de nos campagnes ; s'ils ruinent leurs visiteurs, ils détruisent encore leur santé.

Lors du siége de cette vaillante et héroïque ville de Lyon, Couthon ordonna l'organisation des gardes mobiles dans tous les environs. Le canton de Saint-Paul-en-Jarrêt (il a été supprimé depuis), d'où dépendait Doizieux, eut son bataillon. Ce fut un enfant de Doizieux, un beau jeune homme de vingt-trois à vingt-cinq ans qui fut nommé commandant. Il n'avait certes rien fait pour obtenir ce grade élevé ; il eût préféré la guerre des frontières à celle qui se faisait contre des compatriotes; mais il pensa qu'il pouvait être utile, rendre service à quelques persécutés ; il accepta. Ma mère m'a raconté qu'il versait des larmes au souvenir des atrocités dont il avait été témoin sans pouvoir les empêcher. Il fut assez heureux pour sauver la

vie a plusieurs habitants de Lyon ; il mettait sur
le compte de ses soldats ces bonnes actions, qui
faillirent plus d'une fois l'envoyer à l'échafaud.

En 1824, j'eus occasion de connaître un Lyonnais qui, en apprenant que j'étais de Doizieux, me
dit avec attendrissement *que j'étais d'un pays de
braves gens* et qu'il avait contracté une dette de
reconnaissance envers un de mes compatriotes.

— Après la prise de Lyon, me dit M. R...,
j'étais poursuivi de tous côtés ; je cherchais à rentrer dans la ville pour avoir des nouvelles de ma
famille, quand je fus pris par une bande de
Couthon. J'allais être massacré, lorsque le commandant du bataillon, auprès duquel on m'amena, déclara aux bandits qu'il ne me serait fait aucun
mal ; que ses soldats n'étaient pas des assassins et
que, d'ailleurs, la justice prononcerait sur mon
sort. Ceux qui m'avaient pris vociféraient et contre
moi et contre l'officier, qui s'exposait beaucoup ;
mais, malgré leurs cris de rage, le commandant
me fit renfermer dans une espèce de cave, et cinq
enragés veillaient à la porte pour être sûrs de leur
proie. Pendant la nuit, cet excellent commandant,
aidé de ses compatriotes, fit élargir un soupirail
de ma prison et je m'échappai.

Je pus gagner la Suisse et attendre de meilleurs jours. J'ai entretenu une correspondance
affectueuse avec mon sauveur tant qu'il a vécu ;
il y a plusieurs années qu'on m'a annoncé sa

mort ; mais je n'oublierai jamais le commandant Chomienne de Grosmond. Connaissez-vous
sa famille ?

— Oui, répondis-je, le commandant était le
frère de ma mère.

Ce fait, sur lequel je me suis arrêté avec plaisir
(on me le pardonnera), prouve que le commandant Chomienne avait les meilleures intentions
du monde : ses soldats, ses compatriotes, pour la
plupart lui étaient dévoués, et ne ressemblaient en
rien aux gardes nationaux de *Santerre* dans la
Vendée, qui se distinguaient à la même époque par
leur lâcheté et leur fureur sanguinaire.

L'histoire *moderne* de notre petite Suisse ne
sera pas longue ; après tant de révolutions accom-
plies, dit-on encore, en faveur du peuple travailleur, du *taillable* et *corvéable à merci*, les habitants de Doizieux ne sont pas plus heureux
qu'autrefois.

Mais ici je marche sur un terrain brûlant, et
je suis tout-à-fait en désaccord avec les écrivains
de la nouvelle école, qui exaltent les temps pré-
sents au détriment d'un passé, pour lequel ils ont
de grosses injures. Il serait mieux de rendre une
justice impartiale au vieux temps ou vécurent nos
pères ; c'est un devoir pour les enfants de respec-
ter la mémoire des ancêtres. Ne les faisons pas,
ces vieux parents, ni plus stupides, ni plus abrutis par la misère qu'ils ne le furent. Pour moi,

s'il m'est permis d'élever la voix dans un si grand débat, j'aime les gloires de la France, et je m'apitoie sur ses misères de toutes les époques. Je m'incline avec respect devant ces personnifications brillantes de mon pays, qu'on les nomme Saint Louis ou Napoléon, Jeanne d'Arc, Turenne ou Mac-Mahon. Je me voile la face aux désastres de Crécy, de Poitiers et de Waterloo, et je n'ai pas la moindre sympathie pour l'Angleterre.

Donc, sans méconnaître les bienfaits des temps modernes, je veux prouver par deux faits que les habitants de Doizieux n'ont pas vu couler le Pactole chez eux, ni régner plus bénévolement la liberté dans leurs montagnes depuis un demi-siècle.

J'ai sous les yeux un rôle de tailles pour Doizieux et les Fernanches de 1715, l'année de la mort de Louis XIV. Les impôts devaient être lourds. Je vois, pour des propriétés qui n'ont pas changé, certains habitants taxés à 12 livres, *plus un sous la livre pour l'ustancile des troupes de cavalerie et dragons qui doivent être envoyés dans la généralité de Lyon*, en tout 12 livres 12 sous. La redevance à payer au seigneur de Saint-Chamond ou aux comtes de Lyon était d'une *geline et quart*, 24 sous d'argent, et, pour la corvée, une *journée de charrette*. Aujourd'hui, pour la même propriété, on paye 140 fr., 160 fr., plus une patente de 20 fr., et 30 ou 35 fr. de prestation. C'est un total de plus de 200 fr.

En compensation, il est vrai, nous avons le droit de nommer des députés, notre conseil mu-nicipal, de voter certains centimes ; mais cela n'est pas nouveau. Je lis en ce moment, dans un procès-verbal d'élection rédigé par un notaire royal, nommé Seytre, de Saint-Chamond, « que le vingtiesme jour de septembre 1699, à l'issue de la messe paroissiale de Saint-Just-en-Doizieux, le peuple estant assemblé au-devant de la principale porte de l'église, les échevins, consuls et collecteurs de Doizieux et les Fernanches, ont fait, tant dimanche dernier que cejourd'hui, publier au prosne de ladite paroisse que les habitants eussent, si bon leur semblait, à se trouver cejourd'hui à l'heure présente, pour eslire de nouveaux échevins, consuls, collecteurs, pour l'année 1700.

« Pourquoy faire ils ont faict sonner la cloche, pour convoquer ledict peuple. Lequel avec lesdicts consuls comparants, *unanimement et d'un commun consentement*, ont nommé pour consuls, collecteurs, à savoir : Antoine Berlier de la Berlière, Antoine Payre, de chez Payre, Jean Dubreuil de Grosmont, etc., etc., tous habitants de Doizieux, les Fernanches, etc., etc.

« De laquelle nomination, les consuls ont requis acte, lequel leur a été octroyé par le notaire soussigné.

« Le 20 septembre 1699, ont signé Micol Darnou, Payre, etc., et Seytre, notaire royal à Saint-Chamond. »

Dans ce procès-verbal, très-remarquable, que je n'ai fait qu'analyser, nous voyons que, dès le dix-septième siècle, les paroisses avaient des maires, des échevins, des consuls et des collecteurs de tailles nommés par le *suffrage universel*, encore une invention qui n'est pas nouvelle. Nous remarquons enfin que la répartition de la taille se faisait par ces collecteurs nommés pour un an par ce même *suffrage universel*. Ces collecteurs devaient apporter une rigoureuse impartialité a répartir les sommes, attendu qu'ils devaient rendre compte de leurs opérations à l'expiration de l'année, de même que les maires, échevins, consuls.

Mais, franchement, j'ai de la peine à me persuader que nous soyons plus libres que ne l'étaient ceux qui vivaient il y a un siècle et demi, et je croirai difficilement que notre organisation municipale ait produit de meilleurs effets pour les *taillables et corvéables à merci*.

La commune de Doizieux se divise pour le spirituel en deux paroisses : celle de Doizieux-Saint-Laurent et celle de Saint-Just-en-Doizieux[1]. Cet état de choses n'a pas été sans inconvénients. Après la révolution, la paroisse de Saint-Just voulut *absorber* Doizieux. Les habitants de Doizieux s'y opposèrent vivement ; il y eut procès, démarches actives auprès de l'administration ecclésiastique,

---

[1] Depuis, une troisième paroisse a été érigée à *La Terrasse*.

qui prenait parti pour Saint-Just. L'animosité s'accrut, et dans je ne sais quelle rixe un coup de fusil fut tiré, mais *un seul*, tant nos montagnards sont de nature peu cruelle. Enfin, la paroisse de Doizieux l'emporte, elle conserva son ancien titre de chef-lieu, avec Saint-Laurent pour patron.

Depuis cette époque, une occulte rancune a germé dans les cœurs. Les prêtres des deux paroisses ont partagé ce léger sentiment d'aigreur. Voici un exemple de cette querelle dans *un verre d'eau* : Un ecclésiastique de Doizieux, jaloux des prérogatives de sa paroisse, et ne pouvant pas souffrir que les fidèles de Saint-Laurent, invoquassent Saint-Just dans le *Confiteor*, comme c'était l'usage, se laissa emporter par son zèle. Accoler le grand diacre brûlé vif à Rome à un Saint-Just, obscur pontife de Lyon, quelle témérité !

— Après tout, s'écria de sa chaire notre prêtre par trop véhément, que me parlez-vous de votre Saint-Just? Il a été trouvé à *Tromaret.* (C'est une montagne du pays.)

L'excellent curé de la paroisse de Saint-Just a ri beaucoup de ce panégyrique, et il aimait à signer ses lettres à son confrère de Doizieux : Lapère, *curé de Saint-Just en Tromaret.*

Plus tard, des difficultés d'un autre ordre surgirent. L'administration municipale, se vit entraver dans ses plus innocentes mesures. Les deux curés et le maire étaient rarement d'accord. Ce dernier, assurait-on, prenait nécessairement les intérêts de sa paroisse à l'exclusion de l'autre ; on songea alors à réclamer une division communale, conforme à la délimitation des paroisses.

On ne sait pas ce qu'il en coûte de démarches, de sollicitations, de dépenses, de temps, pour obtenir une division communale, tant nos rouages administratifs se sont compliqués avec les siècles. Cependant, grâce à la persévérance zélée de R... tout marchait à souhait : le Conseil municipal, le Conseil d'arrondissement, le Conseil général, avaient donné des avis favorables, les ingénieurs avaient fait la carte de la délimitation. Le rapport du commissaire de l'enquête était parfaitement conforme au projet de la division. Le Conseil d'État saisi et les habitants de Doizieux-Saint-Laurent allaient l'emporter, lorsque, dans un effort désespéré, ceux de Saint-Just, secondés par quelques indifférents, parvinrent à gagner deux ou trois de de nos montagnards. La trahison ruina tout et vint entraver une mesure qui aurait eu pour effet de délivrer l'administration municipale de toutes ses difficultés. Les choses en sont restées là, en attendant qu'il nous survienne, comme à Athènes, un nouveau *Solon,* qui tranche enfin ce nœud inextricable.

Voilà tout ce que l'histoire peut conserver de

mémorable sur le microscopique pays de Doizieux.
La postérité jugera si une pareille illustration est
digne d'être transmise à nos derniers neveux.

Notre petite peuplade, agricole autant qu'industrielle de Doizieux, se distingue par une plus
grande vivacité de caractère dans la partie haute
et plus de douceur dans la partie basse, où les terres de meilleure qualité favorisent davantage les
travaux de l'agriculture. Les *gens de Saint-Just*
sont à peu près exclusivement cultivateurs, tandis
que ceux de Doizieux sont agriculteurs, indus-
triels et commerçants ; ils négligent peut-être bien
la culture des étroits morceaux de terre qu'il faut
disputer à l'âpreté de leur sol, car le commerce du
bois est leur principale industrie. La *Terrasse*,
c'est la partie la plus favorisée de la commune ;
le site est ravissant : de beaux ombrages, le clair
Dorlay, une grande route communiquant du
Rhône à la Loire, un climat plus doux qui fait
mûrir les fruits du Midi, tout s'y trouve. Aussi les
usines y sont-elles nombreuses ; moulins, filature
de soie, fabriques de foulards, de lacets, etc.,
etc., bien d'autres projetées ; la *Terrasse* est des-
tinée à voir sa prospérité s'accroître avec ses éléments de succès déjà obtenus.

Du temps de Duchoul, on ne faisait pas le commerce du bois ; les forêts étaient trop abondantes
et la population était trop rare, et cependant tout
le monde vivait satisfait à Doizieux. « Chacun vit,

dit notre auteur, du travail de ses mains. On fabrique beaucoup de meubles et ustensiles communs en bois, que les jeunes gens vont vendre à Lyon, car la rareté du numéraire rend tout le monde actif et laborieux. »

Pendant les beaux jours, la forêt nourrira splendidement la vache qui donnera du lait, du beurre au ménage ; et si vos femmes et vos filles veulent m'en croire, elles ne laisseront pas récolter par les oiseaux du ciel les fraises, les framboises, les airelles que Dieu fait mûrir avec profusion sur les flancs du Mont Pilat. Ces fruits se vendront facilement à Saint-Etienne, à Saint-Chamond, à Rive-de-Gier.

On appelle airelle-myrtille le *vaccinium myrtillus*, de Linnée, un petit arbuste qu'on reconnaît à ses fleurs blanches un peu rosées en grelots. Il a un peu moins d'un pied de hauteur ordinairement, et il occupe de grandes superficies de la forêt. Son fruit est une baie d'un pourpre noirâtre, de la grosseur d'une petite cerise ; la chair est violette, légèrement acide et agréable à manger.

Les habitants de l'Amérique septentrionale préparent avec l'airelle de Pensylvanie des tourteaux de confitures qui se conservent plusieurs années. Les montagnards des Vosges préparent de ces confitures à la façon américaine ; ils obtiennent de ce fruit un sirop très-rafraîchissant, et ils en font des tartes aussi délicates que celles des raisins de Corinthe.

Un des principaux usages du fruit de l'airelle, c'est de colorer les vins légers et de leur donner un goût piquant qui en relève la qualité ; l'airelle sera peut-être aussi employée comme plante tinctoriale lorsqu'on aura suffisamment étudié ses applications. Le vœu que je forme pour que mes compatriotes ramassent l'airelle avec soin, je le fais également pour les habitants des contrées qui avoisinent les forêts.

Après avoir fait une provision suffisante pour la maison, chacun vendra le reste soit dans l'état de fraîcheur, soit après avoir fait sécher ce fruit. M. Tollard aîné raconte qu'il y a quelques années une quantité considérable de fruits d'airelles-myrtilles fut envoyée de l'Allemagne, et qu'avec de l'alcool et de l'eau sucrée on en fit des vins artificiels agréables, d'une belle couleur et qui furent promptement consommés.

Qu'il se rencontre dans le sein de la Société industrielle de Saint-Etienne, ou ailleurs dans l'arrondissement, un homme assez préoccupé du sort des pauvres habitants des montagnes pour étudier avec patience les usages de l'airelle, et les indigents de plus de quinze communes devront leur bien-être à ce nouveau Parmentier, dont il béniront la mémoire.

Les amis de la bonne chère me sauront gré de leur signaler les truites de notre pays et son gibier. La truite de nos montagnes n'est nulle part aussi savoureuse. Le Dorley et nos autres cours d'eau en fourniraient une grande quantité si la pêche était surveillée. Le mal ne serait pas grand si on se contentait de prendre le poisson par les moyens ordinaires ; mais nos campagnards, à l'exemple du sauvage, qui coupe l'arbre pour cueillir son fruit, empoisonnent nos ruisseaux. La chaux surtout dépeuple et fait tout périr pour plusieurs années.

J'applaudirais des deux mains à toutes les mesures de rigueurs exercées contre les ravageurs de nos rivières : avec un peu de police et des instructions sévères données au garde-champêtre, nous pourrions espérer de voir nos cours d'eau se repeupler de truites, et nous aurions grand plaisir à offrir ce mets délicat à nos visiteurs.

Nos lièvres, nos perdreaux jouissent d'une renommée de goût exquis ; mais ils sont aussi rares que les truites. Nos paysans braconnent à leur aise ; et lorsque la neige vient couvrir nos montagnes, le massacre est général. Si nous avons encore le *bec-figue*, ce délicieux petit gibier, c'est qu'il ne nous visite qu'en passant. En émigrant des contrées plus méridionales, il veut bien s'arrêter quelques jours dans nos campagnes ; mais dans ses pérégrinations, il ne dépasse guère les frontières nord de notre département. Il lui faut le soleil et les plantes du Midi.

Le vent du Nord engraisse ces petits oiseaux en

vingt-quatre heures, et le vent du Midi fait fon-
dre leur embonpoint dans ce même espace de
temps. Pour l'édification de mes compatriotes, qui
n'ont pas lu Brillat-Savarin, je citerai un passage
de ce spirituel professeur en gastronomie :

« Ces oiseaux s'engraissent, dit-il, au moins au-
« tant que le rouge-gorge ou l'ortolan, et la na-
« ture leur a donné, en outre, une amertume lé-
« gère et un parfum si exquis, qu'ils engagent,
« remplissent et béatifient toutes les puissances
« dégustatrices. Si un bec-figue était de la gros-
« seur d'un faisan, on le payerait certainement à
« l'égal d'un arpent de terre. »

Voici de quelle manière il faut le manger :

« Prenez-le par le bec, saupoudrez-le d'un peu
« de sel, ôtez-en le gésier, enfoncez-le adroite-
« ment dans votre bouche ; mordez et tranchez
« tout près de vos doigts et mâchez vivement ; il
« en résulte un suc assez abondant pour envelop-
« per tout l'organe et vous goûtez un plaisir in-
« connu au vulgaire. »

Dans un avenir qui ne saurait être éloigné, par
ces temps de fiévreuse activité industrielle, Doizieux verra ses richesses minéralogiques, encore
enfouies sous terre, découvertes, exploitées par
de hardis spéculateurs dont elles accroîtront la
fortune. Déjà nous savons, et la chose est incontestable, que la source du Gier traverse des gise-
ments aurifères. Les hommes de la science ont, en

outre, signalé dans nos montagnes, des mines de
fer abondantes ; le charbon fossile, le quartz, etc.
Les masses de granit sont exploitées et ne servent encore qu'à l'empierrement des routes ; mais
qu'on nous fasse des chemins viables, et l'aspect
du pays changera subitement.

Nos cours d'eau, avec leurs pentes rapides et
leurs chutes d'une grande puissance, peuvent
faire mouvoir un bien plus grand nombre d'usines. Ici, d'ailleurs, tout se réunit pour provoquer
la création de fabriques nouvelles. La main-
d'œuvre est à bon marché. Les matériaux de qualité supérieure coûteront peu de chose, et l'air
salubre de nos montagnes ajoutera à la prospérité des usines, en conservant la santé des travail-
leurs.

S'il arrive qu'une bonne âme, sur la foi de mes
descriptions un peu « magnifiquement superbes, »
s'aventure dans notre pays, je serai taxé d'exagé-
ration. Le rude aspect de nos paysages charmera
médiocrement le voyageur qui n'aime, pour ses
promenades, que les douces allées de son jardin.
Ce n'est pas pour lui que la vue des montagnes a
des charmes irrésistibles ; il nous répondra que
l'enthousiasme est ridicule pour qui ne l'éprouve
pas.

Oui, assurément. Que ce paresseux d'esprit et de
corps reste dans son pays de plaine, où la
terre a pour but de le porter et de le nourrir ;

mais que le vaillant de cœur et d'âme ne se
laisse pas décourager par l'âpreté de nos sentiers,
la profondeur de nos vallées et la rudesse de
nos montagnes. Qu'il visite Doizieux, parcoure
la forêt pour arriver à la magnifique halte de
Pilat ; alors il nous remerciera de lui avoir signalé une excursion où les jouissances lui feront
oublier ses fatigues.

Et, d'ailleurs, indépendamment de notre forêt,
le plus bel ornement du pays, les sîtes ne nous
manquent pas. Duchoul était ravi de Torepanne,
que je trouve aussi gracieux qu'il y a trois cents
ans. La Viale, le Mas, la Rullière, le Brueil[1]
Chavas et surtout la Terrasse, sont de ravissantes
oasis dans nos pays abruptes. Le bourg de Saint-
Just a tout-à-fait bon air ; et si Dieu ne lui a pas
donné le pittoresque attachant de Doizieux,
ses rochers, ses claires eaux, ses ombrages
verts, Saint-Just jouit d'une vue très étendue
et domine nos plus agréables paysages.

Pour les gens qui portent des habits d'un certain drap, d'une certaine coupe, les habitants de
Doizieux sont de stupides campagnards qu'on
affecte volontiers de plaindre, qu'on dédaigne si
on ne les méprise pas. Ces paysans illettrés, ces
campagnards qu'on regarde de haut, je les aime,
je les respecte, parce que j'ai trouvé chez eux le

---

[1] Le Breuil.

dévouement, l'amour, la religion, la paix. Hélas !
ces grandes vertus, qui ont pourtant la même origine, sont plus rares qu'on ne pense dans le
monde. Je sais qu'il y a des hommes, et je les
plains, aux yeux desquels ces sentiments sont
folie ; mais tout est folie si l'on veut, hors le soin
qu'on prend de son existence. Alors autant vau-
drait, pour l'homme enveloppé dans son égoïsme,
être huître ou tout autre crustacé. Heureusement que Dieu a fait tous les hommes grands et
petits, savants et ignorants, citadins ou campagnards, pour de plus hautes destinées. Voilà
pourquoi une main blanche ou un habit élé-
gant n'ont jamais été le mobile de mes sympa-
thies.

La douceur, la bonté, l'amour du travail, sont
les qualités dominantes des habitants de Doizieux :
leurs mœurs sont simples et pures ; ils aiment
leurs familles et leurs montagnes. L'air pur et vivifiant de ces hauts lieux contribue à leur déve-
loppement physique et moral. Aussi, les hommes
de haute taille y sont-ils communs ; il n'est pas
rare de rencontrer des visages frais, des natures
fortes, vigoureuses. La physionomie intelligente,
les yeux bleus, pleins de vivacité, les cheveux
blonds ou châtains, la peau blanche et les manières point trop raides de mes compatriotes les
feraient remarquer partout, si, au lieu de leurs
grossiers vêtements, ils étaient recouverts de l'ha-

bit du citadin. Les femmes sont généralement
bien faites et suffisamment belles ; leur carnation
blanche, leur taille bien prise, leurs yeux grands,
purs et limpides, les rendent très agréables à
voir.

C'est au sortir de l'église, les dimanches et
les fêtes, après les offices, qu'on peut se faire
une idée de cette population : des groupes se
forment sur la petite place. On se redit les nouvelles. Les gens graves parlent d'affaires, trai-
tent de leur commerce, tandis que la jeunesse
a de plus riants soucis en tête. Pendant que
j'examine nos paysans, reposés, heureux, en
habits de fête, que je m'entretiens avec plusieurs
et que je rends à tous leur salut amical, un
souvenir lugubre vient se dresser devant moi en
me représentant un affreux événement de mon
enfance, arrivé sur cette petite place de l'église.
Il y a bien longtemps de cela. Nous recevions, un
mien cousin et moi, les leçons du vieux curé
de la paroisse. Un baptême avait appelé à l'é-
glise notre bon professeur, et nous voilà, joyeux
écoliers, abandonnant les livres pour courir sur
la place. Mon pauvre cousin Antoine était d'une
vivacité, d'une pétulance extrême ; il grimpa sur
la vieille croix de pierre dont le temps avait
altéré le ciment. Le poids de son corps entraîna
la pierre, qui l'écrasa. Les cloches sonnaient à la
naissance d'un nouveau-né et je recevais le der-

nier soupir de mon jeune cousin qui tournait vers moi son doux regard. Oh ! que j'ai pleuré ce noble enfant ! Sa pensée dirigea mes pas vers le cimetière où il repose, où reposent encore tant de chers morts. J'y compte mes tombes et je choisis ma place auprès de ceux que j'ai perdus.

Cet asile de la mort est situé au milieu d'une riante prairie qu'ombragent de beaux noyers ; il est bordé d'un mur blanc à hauteur d'appui. Son heureuse position n'a rien qui attriste ; c'est le champ du repos, l'asile de la paix, placé à distance du tumulte des hommes. C'est à peine si le Dorley, qui coule à quelques toises dans le bas du vallon, y fait entendre son murmure.

CHAPITRE XI

Le Château des Fées, la veille de Noël.

Che si potra dir qui ? Se non
che anche nelle povere case
piovano dal cielo de divini
spiriti.

Bocc.

I

Ce château était situé au pied du Mont Pilat, et
touchait à une forêt de chênes druidiques qui se
prolongeait sur le versant nord, jusque sur les
hauteurs où commençaient les bois de sapins.
La forêt druidique a disparu et les sapins mar-
quent encore aujourd'hui, la limite où s'arrêtaient
les chênes.

Sur l'emplacement du château, à l'heure présente, on voit un hameau charmant, avec de beaux
ombrages, de fraîches prairies, et toute une exploitation agricole prospère. Ce hameau de trois ou

6

quatre maisons, se nommait et se nomme encore
le *Breuil, Broglia* en latin, *taillis* lieu planté
d'arbres.

Le souvenir du Château des fées s'est perpétué
dans le pays, et le propriétaire actuel d'une des
maisons du hameau, racontait à celui qui écrit ces
lignes, qu'il y avait dans sa demeure des souterrains voûtés, dont on n'avait jamais pénétré la profondeur. On les nommait les *Caves des Sarrazins*,
tant le souvenir de l'invasion, au huitième siècle,
de ces mécréants, était encore vivace.

Les récits empruntaient à l'histoire et à la légende de merveilleux détails, où se confondaient
et les fées et les Sarrazins ; mais le château avait
toujours conservé son nom.

Il y a bien longtemps de cela, comme dirait
Boccace, le Château des fées était une superbe
habitation, dont les populations tremblantes n'ap-
prochaient jamais, tant était grande la terreur
qu'inspirait le pouvoir malfaisant des fées. Son
architecture légère, élégante et d'un goût exquis,
paraissait plus merveilleuse encore, par la compa-
raison, avec les massives constructions du moyen-
âge, les tours puissantes, les murs épais, les sombres intérieurs des châteaux-forts des barons
bardés de fer. Le Château des fées avait de ravissants pavillons ornés, des façades à minces co-
lonnettes, et dans des encadrements disposés avec
art, de belles statues de marbre, qu'on aurait dit

empruntées au ciseau de quelque habile disciple de Phidias.

Toute l'année, le Château des fées était désert, et cependant tout y était soigné, entretenu, comme si l'œil d'un maître plein de goût, ne se fût jamais absenté de sa demeure. Les parterres, le parc, avec de larges allées, s'étendaient jusqu'au ruisseau qui fournissait ses eaux transparentes aux réservoirs, aux pièces d'eau, pour entretenir la fraîcheur des ombrages et favoriser la croissance d'une immense variété d'arbres, au feuillage toujours vert.

Quel était donc ce château, et quel seigneur plus riche qu'un roi en était le maître? C'était le *Château des fées ;* on ne savait rien de plus.

L'histoire que nous allons raconter, répandra peut-être quelque lumière sur cette demeure si étrange.

Nous commençons :

C'était le soir du 24 décembre 1095, celui dont le regard aurait pu percer et les hautes murailles et les massifs d'arbres qui cachaient la vue du château, aurait été émerveillé du spectacle qui se serait offert à sa vue. Une illumination éblouissante faisait resplendir les peintures, tous les détails d'une architecture inconnue dans le pays, et semblait animer les statues des façades et les portiques. Sans doute qu'une assemblée nombreuse, respirant la bonne humeur, était réunie

au château, car on entendait des instruments
de musique qui accompagnaient sans éclat, des
voix pénétrantes, quoiqu'un peu voilées.

Au dehors, la tempête faisait rage : la neige
tombait à gros flocons, et le vent qui la chassait
rendait la campagne déserte.

Un homme pourtant dormait près du portail,
sans que la rigueur du temps le réveillât. C'était
Anselme, pauvre serf, qui gardait les troupeaux
du sire des Fernanches. Anselme s'était mis en
route pour se rendre à l'église de Saint-Just, où
se célébrait la fête de Noël. Il n'aurait pas manqué
la messe de minuit, qui rappelait la naissance du
pauvre Enfant-Dieu, à Bethléem.

Mais la fatigue avait trompé ses forces ; et sans
se rendre compte du lieu où il se trouvait, Anselme s'était laissé tomber sur un banc de pierre, où
il ne tarda pas à s'endormir.

Il a raconté depuis qu'il eut un rêve qui le faisait tressaillir de bonheur : Comme à Bethléem,
des Anges descendaient du ciel, chantaient doucement les louanges de l'Enfant-Dieu. Tout-à-coup,
et sans qu'il s'aperçut si son rêve se continuait,
les portes massives du château roulèrent sans
bruit, et une jeune fille parut. Elle prit Anselme
par la main, et d'une voix pénétrante, elle lui dit :

— Levez-vous, Anselme, et venez vous mettre
à l'abri du mauvais temps.

— Allons, se disait notre berger, c'est mon

rêve : voilà un ange du petit Jésus qui m'adresse des paroles caressantes et me tend sa belle main.

Il suivit l'apparition. En pénétrant dans une vaste cour, il fut émerveillé de sentir une douce chaleur et une lumière éclatante, qui lui révélait les merveilles du Château des fées.

— Après tout, se dit Anselme, qui se rappela qu'il était dans le redouté Château des fées, si tout cela est l'œuvre du démon, Dieu saura bien me préserver.

Ils arrivèrent dans une vaste salle, magnifiquement ornée : des hommes et des femmes s'y entretenaient. Les hommes étaient tous vêtus de blanc et la tête couronnée de feuilles de chêne : celui qui paraissait le chef avait seul une faucille d'or suspendue à son côté. Les femmes étaient jeunes, belles et toutes vêtues uniformément d'étoffes blanches ; leurs têtes étaient ornées d'une couronne de verveine.

Quand ils furent entrés, la conductrice s'approcha du personnage qui paraissait présider, et lui dit :

— Mon père, voici Anselme.

— C'est bien, ma fille, confiez-le à un domestique.

— Suivez cet homme, dit notre belle fée, vous changerez vos habits trempés et vous reviendrez.

Pendant l'absence d'Anselme, nous allons essayer de peindre ce pauvre serf, si étrangement introduit dans le redouté Château des fées.

Anselme avait 25 ans ; il était de taille élevée, et tous ses membres, si harmonieusement disposés, qu'il eût servi de modèle à la statuaire antique ; sa figure calme, belle, et un peu rêveuse, ses manières simples, mais d'une élégance extrême, en faisaient un homme qu'on était surpris d'avoir eu une origine si humble. Depuis son enfance, il avait gardé les troupeaux du sire des Fernanches, et cette condition lui plaisait, parce qu'elle lui permettait de se livrer à de rêveuses pensées que l'aspect de la nature lui inspirait. Anselme avait un ami, le vieux curé de Saint-Just. Ce bon prêtre avait deviné les rares qualités du serf-pasteur : il l'instruisit, lui fit connaître les beautés de la religion, lui enseigna la langue des Livres saints et lui donna les premiers éléments des sciences d'alors. Anselme justifia les prévisions de son maître : il fit de rapides progrès, et se sentait surtout attirer vers l'étude de la nature, parce qu'il y découvrait à chaque pas l'occasion d'admirer les merveilles de la création.

Du reste, quoique son intelligence et son instruction fussent bien supérieures à celles de tous les hommes de sa condition, il n'eut jamais la pensée d'envier un autre état : Dieu l'avait fait serf ; il bénissait Dieu qui lui avait ouvert l'horizon immense des pensées qui élèvent l'âme.

La suite de l'histoire d'Anselme nous montrera notre pauvre pâtre développant merveilleusement ses qualités, et nous découvrira les trésors d'un cœur droit, que les événements mettront au grand jour.

Il nous faut bien aussi présenter au lecteur la belle personne, qui avait introduit Anselme au Château des fées :

C'était Cazylda, la fille du maître du château ; et ce maître, qui présidait l'assemblée dont nous avons parlé, c'était Euverthe, noble et puissant personnage, dont la fortune aurait acheté des royaumes.

Euverthe n'avait eu qu'une fille, dont la mère, une princesse des régions d'Orient, était morte en lui donnant le jour ; et à ce moment de notre histoire, Cazylda avait à peine dix-huit ans. Nous ne peindrons ni les traits de son visage, ni sa distinction de manières, si son élégance naturelle. Le lecteur se contentera de savoir que c'était une créature ravissante, et que nous excusons Anselme de l'avoir prise pour un des beaux anges du petit Jésus.

Cazylda aimait le séjour du Château des fées ; ses promenades favorites étaient des excursions sous les vieux chênes, qui s'étendaient au loin dans la contrée ; elle avait eu occasion d'apercevoir Anselme gardant ses troupeaux ; elle n'avait pas été peu émerveillée de voir ce pauvre serf, les

yeux élevés vers le ciel, ou penchés sur un livre.
Bientôt elle connut la vie, les habitudes du pâtre
des Fernanches, et un projet germa dans sa tête.
Gardons-nous de soupçonner chez notre héroïne,
aucune basse pensée de passion vile. Nous verrons
plus loin ce qu'elle espérait d'Anselme, et notre
respect pour la fille d'Euverthe, ne fera que s'augmenter. Afin de bien connaître les principaux
personnages de cette histoire, ajoutons qu'Euverthe
portait royalement cinquante ans d'âge, qu'il était
de taille élevée et que la dignité de sa personne
inspirait le respect. Euverthe était le dernier des-
cendant de ces grandes familles sacerdotales des
Gaulois ; et ses ancêtres, depuis les persécutions
du culte druidique par les empereurs Auguste et
Claude, avaient toujours exercé le pouvoir de
l'archidruide, dont ils portaient le nom.

Anselme rentrait dans la salle, revêtu de beaux
habits, qui ajoutaient singulièrement à la beauté de
sa personne ; mais il ne songeait guère à ses habits.
L'assemblée qui était devant lui, était un mystère
qui lui échappait. A ce moment, l'archidruide par-
lait :

— C'est demain que nous célébrerons, pour la
dernière fois, la fête du *Guy* sacré : puis nous
nous séparerons.

La Clepsydre venait de laisser tomber sa dernière goutte d'eau. C'était minuit, ainsi que l'annonçaient les cloches de Saint-Just. Sur un signe

d'Euverthe, les lumières s'éteignirent et l'assemblée se dispersa. Anselme pensa que l'heure de la naissance de Jésus avait suffi pour faire disparaître tous ces hommes d'une origine suspecte ; il fit le signe de la croix, et vit à ses côtés Cazylda, qui lui disait de sa douce voix :

— Allez à la messe de minuit, Anselme ; montez à cheval, un demestique vous accompagnera : je vous prie de secourir en mon nom les malheureux qui vous salueront sans vous connaître ; vous trouverez attaché à la selle une bourse qu'il ne faut pas épargner. Vous reviendrez ici, et demain nous causerons de choses qui ont dû vous paraître incompréhensibles.

Anselme monta à cheval suivi d'un domestique. Il mit dans sa poche la bourse pesante qu'il trouva attachée à sa selle : quelques minutes suffirent pour atteindre l'église de Saint-Just, dont l'extérieur était illuminé ; il descendit de cheval, s'approcha des hommes qu'il connaissait pour les plus nécessiteux, et leur distribua d'abondantes aumônes. Personne ne le reconnut : on pensa que c'était quelque puissant chevalier en voyage.

Anselme pria ; il répandit son âme devant son Dieu, et se releva, disposé à combattre au nom de l'Enfant-Dieu les puissances des ténèbres qui voudraient l'abuser. Il revint au château, dormit d'un profond sommeil, dans un somptueux appartement. A son réveil, il faisait grand jour, c'est à

peine s'il put se rappeler tous les événements de
la nuit passée. Ce qui restait de clair, de net dans
sa mémoire, c'est que la fée Cazylda voulait lui
parler ; il attendit. Un domestique vint le prévenir.
Il trouva Cazylda la tête appuyée sur une de ses
mains, ses yeux à demi fermés, l'air rêveur et
préoccupé. Au bruit des pas d'Anselme, elle leva
la tête, lui fit un doux accueil, et lui dit :

— Asseyez-vous, Anselme, ce n'est pas sans
raison que je vous ai introduit dans ce château :
j'avais eu occasion souvent, dans mes promenades
sous les grands arbres, de vous apercevoir, et je
conçus l'idée de vous associer à des projets à la
réalisation desquels vous pouvez contribuer. Aussi,
quand un domestique m'apprit, hier, qu'un
homme dormait à la porte du château, un pressentiment me disait que vous seul, de tous les habitants du pays, pouviez, sans terreur, dormir à
la porte du Château des fées, et je voulus moi-
même vous introduire dans cette demeure : vous
savez le reste.

Ce que je tiens à vous faire savoir, c'est que ce
château m'appartient, mon père me l'a donné.
J'avais résolu d'y vivre et d'employer mes richesses à secourir la misère partout où je l'aurais
découverte. Hélas ! j'ai dû renoncer à mon projet,
personne n'aurait accepté mes secours. La croyance
populaire aurait attribué au démon, mes larges-
ses, et j'eusse toujours été considérée comme une
fée malfaisante.

Il me semble que si je pouvais initier à mon œuvre un homme du pays, nos secours, en passant par ses mains, seraient reçus par tous avec reconnaissance. J'ai donc espéré que vous pourriez vous décider à habiter le Château des fées, et à me remplacer pour l'emploi des trésors inutiles que mon père a accumulés dans cette habitation. Dites-moi, Anselme, voulez-vous habiter le château et y commander en maître absolu ?

— Avant de vous répondre, répartit notre pasteur, permettez-moi de consulter un ami. Je vous promets de faire ce qu'il me dira.

— J'y consens bien volontiers, dit Cazylda, et je ne doute pas que le digne curé de Saint-Just, car c'est là votre ami, ne pense comme moi.

Mais avant tout, si vous voulez m'en croire, vous vous occuperez de choses qui vous sont personnelles.

Un souffle puissant, divin, régénérateur a passé sur le monde. Depuis le discours du Pape à Clermont, l'universelle exclamation : *Dieu le veut,* va entraîner les populations à la conquête du tombeau de votre Dieu, et l'espérance d'un meilleur avenir pour les opprimés, pénétrera les âmes, en leur montrant à l'horizon la mensuétude et la miséricorde chez tant d'oppresseurs. Il est possible que la pensée de vous associer à ce grand élan de foi ne vous trouve pas insensible ; mais vous ne devez pas partir avec votre condition de serf : il

faut aller trouver le sire des Fernanches et lui demander à quel prix il fixe votre affranchissement ;
puis, si vous voulez participer à la croisade, vous
vous exercerez dans ce château au maniement des
armes, à la direction du cheval et à tout ce qui
peut former un vaillant soldat. Fleurance, un ami,
un second père pour moi, et que vous connaîtrez
plus tard, dirigera vos exercices. Il vous accompagnera chez le sire des Fernanches, et payera la
somme que fixera ce baron.

Adieu, Anselme, quand vous aurez besoin de
me voir, frappez un coup sur ce timbre, et douze
heures après je serai près de vous.

Anselme, perdu dans un monde de pensées, ne
s'aperçut pas d'abord que Cazylda le quittait.
Quand il se vit seul, il réfléchit à tout ce que venait
de lui dire la belle fée : il irait voir le curé, son
ami, et puis, s'il y avait lieu, le sire des Fernanches.

Quand il fut en présence du bon curé, Anselme
raconta tout ce qui lui était arrivé depuis deux
jours : il demanda des conseils au sujet des pro-
positions de Cazylda.

— Allons au Château des fées, dit le vieux prêtre. Je ne m'étais jamais douté qu'un pareil lieu
renfermât tant de curieuses choses. J'userai du
pouvoir que m'a donné l'Eglise sur les démons,
pour découvrir si le château est l'œuvre des anges
rebelles ; alors tout disparaîtra. S'il en était autre-

ment, nous examinerions ce qu'il y aurait à faire
pour répondre aux désirs de la fée Cazylda.

Quand ils furent arrivés au château, le curé se
mit à l'œuvre ; il prononça les plus formidables
exorcismes sur tous les bâtiments. Ils entrèrent
ensuite dans l'intérieur, et le bon prêtre s'extasiait
sur les décorations des appartements, les richesses de toutes sortes et les modèles élégants des
meubles. Il n'avait jamais rêvé une pareille magnificence. Deux choses surtout le frappèrent d'admiration : une nombreuse bibliothèque, aux manuscrits ornés de belles peintures, de charmantes
miniatures et de riches reliures.

L'autre chose qui le surprit et le charma, ce fut
une vaste cave, remplie de tous les vins de premier choix, les uns dans des vases transparents,
les autres dans de solides tonneaux. Le curé de
Saint-Just exorcisait partout, et rien ne disparais-
sait. Fleurance, qui les accompagnait, souriait
doucement. Nous devons, à la vérité, de constater
que notre vieux prêtre n'aurait pas vu sans regret
s'anéantir cette inépuisable collection de vins.
Dieu n'affranchit pas ici-bas ses élus mêmes, des
imperfections humaines.

Malgré les exorcismes et les aspersions d'eau
bénite, tout resta en place, et le curé déclara que
le Château des fées n'était pas l'œuvre des démons.

A ce moment, Fleurance s'avança vers le bon
curé, et lui dit fort respectueusement :

— Si Monsieur le curé voulait bien nous faire
l'honneur de dîner au château, je lui en serais
très-reconnaissant, et Anselme en aurait un grand
plaisir.

Le curé accepta, et le repas somptueux lui
prouva que tout était en harmonie dans cette
demeure étrange.

— Monsieur le curé, lui dit Fleurance, veuillez
accepter cette aumône pour les pauvres en échange
de vos bonnes prières pour les maîtres du Château
des fées.

Il lui présenta une bourse pesamment garnie,
que le vieux prêtre reçut avec grande joie, persuadé
qu'il était maintenant, que les pièces de monnaie
ne se changeraient pas en feuilles sèches.

Anselme, resté seul, résolut d'aller ce jour-là
même trouver le sire des Fernanches ; mais pour
faire cette visite, il voulut revêtir ses pauvres habits de serf. Fleurance l'accompagnait et s'était
chargé de payer le prix de l'affranchissement.

Le sire des Fernanches reçut d'abord fort mal
son pauvre serf.

— Pourquoi, depuis trois jours, as-tu, m'a-t-
on rapporté, quitté ton troupeau ? lui dit-il durement.

— Seigneur, lui répondit sans trouble Anselme,
si vous daignez me permettre de vous raconter
les étonnantes choses qui me sont arrivées pendant ce temps, peut-être m'excuserez-vous.

— Parle, dit le baron.

Alors Anselme raconta comment, la veille de
Noël, il s'était endormi à la porte du Château des
fées, et comment une belle fée l'avait introduit
dans cette demeure; il n'oublia rien, et son récit
terrifia plus d'une fois le sire des Fernanches,
qui, comme tout le monde, croyait le Château des
fées une habitation de démons. Il fit plusieurs
signes de croix et se mit de nouveau à écouter le
récit d'Anselme.

La visite du curé de Saint-Just et ses exorcismes
impuissants, ébranlèrent ses vieilles croyances; il
se dit qu'après tout, si un digne prêtre comme le
curé de Saint-Just, déclarait que le Château des
fées n'était pas l'œuvre des démons, c'est sans
doute que c'était la vérité.

— Je ne sais pas encore, reprit Anselme, ce
qu'il arrivera de moi, dans toutes ces aventures,
mais, aujourd'hui, je viens humblement vous
adresser une prière, que je vous prie d'accueillir
avec votre bienveillance ordinaire.

Vous me rendriez bien heureux si vous consen-
tiez à m'affranchir, en fixant le prix de mon
affranchissement.

— J'avais résolu, répondit le baron, de t'emmener avec moi à la croisade, et je renoncerai
difficilement à mon projet, car tu as toujours été
un bon serviteur.

— Seigneur, reprit Anselme, mon plus ardent

désir est de partir avec les croisés et de me consacrer à votre service ; peut-être jugerez-vous que mon action aura plus de mérite, si je puis la faire librement et non comme un pauvre serf de vos domaines.

— Puisqu'il en est ainsi, dit le baron, je donne mon consentement à ton affranchissement ; aussi bien, ai-je de grands besoins d'argent, pour mes préparatifs. Mais où vas-tu prendre l'argent nécessaire ?

— Seigneur baron, dit alors Fleurance, qui n'avait pas encore prononcé une parole, Anselme voudra bien accepter des maîtres du Château des fées, la somme nécessaire, qu'il pourra un jour leur rembourser.

Le baron ne parut pas très-satisfait d'être payé dans une monnaie si équivoque, mais il n'en fit rien paraître, et après avoir fixé le prix de l'affranchissement, il ordonna qu'on en préparât l'acte.

— Seigneur baron, ajouta Fleurance, permettez-nous de doubler la somme que vous demandez, les maîtres du Château des fées, se trouveront heureux de contribuer pour une faible part, à la grande expédition que vous préparez.

Le baron reçut donc, et non sans un contentement mêlé de quelque inquiétude, une grosse somme d'argent, sur laquelle il n'avait pas compté.

— Adieu, Anselme, tu viendras me voir pour
savoir l'époque de notre départ. Nous ferons
partie du corps d'armée de Raymond de Saint-
Gilles, et nous serons plus directement commandés par Adhémar de Monteil, évêque du Puy et
chef spirituel de toute la croisade. En attendant,
prépare-toi à ton nouveau métier.

— J'aurai pour cela, seigneur, un maître habile,
et je tâcherai de profiter de ses leçons.

Quand ils furent rentrés au château, Anselme,
sans rien perdre de son calme habituel, se sentit
comme transformé : il était libre. Oh ! la douce
chose, le bien sans prix que la sainte liberté, qui
ne soumet plus l'homme qu'aux bienfaisantes
obligations de pratiquer la doctrine divine du
Dieu crucifié ! Anselme remercia Dieu du fond de
son cœur et résolut de confier à Cazylda ses nouvelles pensées. Il frappa un coup sur le timbre, et
il attendit pendant douze heures l'arrivée de la
bienfaisante fée. A ce moment, il songeait que
Cazylda était sans doute à de grandes distances
de lui, et que ce n'était que par un pouvoir surnaturel qu'elle pouvait ainsi parcourir d'immenses
espaces.

Il ignorait qu'à une demi-lieue du château, dans
les massifs les plus épais, se cachait un bâtiment
de modeste apparence à l'extérieur, mais riche-
ment orné à l'intérieur. C'était là que se retirait
Cazylda pour juger de ce qu'elle pouvait attendre

d'Anselme. Quand le timbre se faisait entendre,
un domestique allait la prévenir.

En attendant le moment de voir Cazylda,
Anselme demanda s'il ne pourrait pas à l'instant
même monter à cheval et commencer son instruction d'homme d'armes.

— Rien n'est plus facile, dit Fleurance; nous avons
ici un grand nombre de chevaux de plusieurs
espèces : des destriers, des palefrois, des haque-
nées. Je vais donner l'ordre qu'on fasse sortir,
pour commencer, une bête d'allure douce.

— Ne prenez pas cette peine : dans mon métier
de berger, j'ai monté, à crû, les chevaux les plus
difficiles, et je les domptais.

— C'est très bien, dit Fleurance, nos leçons
avanceront d'autant plus.

On amène un puissant cheval de bataille, qui
piaffait, bondissait et faisait rage.

— Je vais bien l'étonner, dit en souriant
Anselme.

Aussitôt, sans s'aider de l'étrier, il enjambe le
fougueux animal, qui semble dompté par ce trait
d'audace.

Alors commencèrent les explications sur la pratique de l'équitation. Fleurance était un maître
achevé, qui mettait en pratique ses leçons, et qui
pour mieux faire comprendre ses explications à
son élève, montait à cheval lui-même et exécutait
ce qu'il avait démontré.

Pour anticiper, nous dirons que ces leçons se continuèrent pendant trois mois, et qu'Anselme devint un cavalier qui excitait l'admiration de Fleurance. Tantôt revêtu d'une pesante armure, il s'élançait légèrement sur son cheval ; tantôt il sautait des haies, des fossés, des barricades ; souvent la masse d'armes d'une main et la hache de combat de l'autre, il partait comme la foudre pour enfoncer un ennemi. Au bout de trois mois donc, l'instruction d'Anselme fut complète et aucun chevalier n'aurait pu surpaser cet homme souple, nerveux et fort.

Le moment était arrivé où Cazylda allait paraître. Anselme alla l'attendre dans la pièce où il l'avait déjà vue ; elle parut souriante, le regard caressant.

— J'ai désiré vous voir, ma bonne protectrice, pour vous annoncer d'abord que j'ai profité de vos offres généreuses. Fleurance a payé mon affranchissement, et c'est à vous que je dois d'être libre. Libre ! Mon bonheur est si grand, que je me demande ce qui a pu me procurer la plus grande des faveurs terrestres. Je suis libre ; il me semble que je puis lever la tête vers le ciel avec plus de confiance et regarder en face mon semblable sans que sa condition, quelque élevée qu'elle soit, puisse me faire baisser les yeux ; mais vous l'aviez deviné, je veux faire partie de la croisade, et concourir pour une faible part à la conquête du tombeau du Christ. Alors, je ne puis accepter la mission toute de confiance que vous m'aviez réservée.

— Partez pour la croisade, cher Anselme ; soyez un vaillant homme d'armes et restez toujours bon chrétien. Je vous parle ainsi, parce que je sais que l'observation de votre loi religieuse, a pour effet, de faire des hommes vaillants, intrépides, mais bons et miséricordieux pour les faibles.

A votre retour, nous reprendrons cet entretien. En attendant l'heure du départ, préparez-vous au rude métier de la guerre. Allez visiter la campagne ; portez en compagnie de Fleurance des secours aux malheureux, choisissez-vous des compagnons de bonne volonté, qui veuillent vous suivre à la croisade, amenez-les au château, où vous les exercerez. J'ai le pressentiment que je vous reverrai bien portant, et que vous aurez acquis le renom d'un homme sans peur et sans reproche. A revoir, encore une fois, Anselme ; pensez que la fille d'Euverthe fait des vœux pour vous.

II

Préparatifs et départ.

— Cher père, disait un jour Cazylda à Fleurance, car elle était habituée à lui donner ce nom. Fleu-

rance, en effet, l'avait élevée, instruite et dirigée
sans jamais l'avoir quittée ; il n'aurait pas pu vivre
loin d'elle ; et les moindres désirs de sa fille chérie,
étaient pour lui des ordres absolus. Certes, Euverthe aimait bien sa fille, mais ses longs voyages,
ses relations avec toutes les sommités sociales de
l'époque, ne lui permettaient que rarement les
jouissances de son intérieur. Fleurance, au contraire, d'habitudes plus modestes, de goûts plus
simples, ne trouvait son bonheur qu'auprès de
Cazylda : presque aussi riche qu'Euverthe, proche
parent du grand Archidruide, rien ne l'empêchait
de se livrer au doux penchant de son cœur.

— Cher père, disait donc Cazylda, ne trouvez-
vous pas que j'ai découvert un diamant d'un grand
prix, quand j'ai rencontré Anselme ; le diamant est
encore brut, il a besoin d'un habile lapidaire pour
paraître dans toute sa splendeur. Mais si vous
voulez être le lapidaire, vous nous rendrez Anselme transformé. Je prends, cher père, un détour
pour vous exprimer un désir, peut-être vous
adresser une prière.

— Parlez, ma fille.

— Je désirerais donc que vous puissiez vous
décider à accompagner Anselme à la croisade. Vous
me quitteriez, et ce me serait une grande peine ;
vous renonceriez à notre vie de si vrai bonheur,
ma peine s'en accroîtrait, mais vous formeriez un
beau caractère, vous développeriez chez une riche

nature des qualités précieuses, et vous feriez d'Anselme un homme distingué.

— J'ai devancé vos désirs, chère enfant, et depuis longtemps j'avais résolu d'accompagner notre nouvel ami ; chaque jour d'ailleurs m'attache d'avantage à cet excellent cœur. Voilà une chose décidée. Mes messages fréquents, vous tiendront au courant de nos voyages, et vous ne nous aurez presque pas perdus de vue. En attendant notre départ, Anselme ne perd pas son temps ; nous parcourons la campagne ; il me désigne les misères à soulager et il fait choix de jeunes hommes qui consentent à l'accompagner. Cinquante camarades sont réunis au château, et s'exercent tous les jours au métier des armes ; ils adorent leur jeune chef, qui les éblouit, soit qu'il charge à leur tête, soit qu'il leur parle avec un enthousiasme entraînant, de la gloire pour ce monde, et du profit pour l'autre, qu'il y aura à se consacrer à la croisade. Tout le monde l'aime : le fier baron des Fernanches comme les autres ; il l'a choisi pour son écuyer.

— Que je suis donc contente de ce que vous m'apprenez, dit Cazylda !

Quelques jours seulement devaient s'écouler avant le départ. Anselme en profita pour aller visiter son vieil ami, le curé de Saint-Just, pour prier dans la pauvre église du village et demander à Dieu de bénir son entreprise.

Fleurance s'était réservé tous les détails des
préparatifs. Anselme n'avait à s'occuper que de
commander ses hommes et recevoir les ordres du
baron des Fernanches.

On part enfin. Nos amis rejoignent l'évêque du
Puy, qui ne tarda pas à se réunir à Raymond de
Saint-Gilles comte de Toulouse. Peu de mois suf
firent pour que ce corps d'armée arrivât sous les
murs de Constantinople. Il y eut d'abord du désordre, du tumulte, de l'agitation.

— Laissons l'armée se choisir des logements,
dit Fleurance à Anselme. Venez chez moi, car j'ai
un chez moi dans cette ville.

Ils arrivèrent à la porte d'un beau palais, ou
tout était prêt pour les recevoir. Après s'être
reposé pendant quelques jours des fatigues d'un
long voyage, Fleurance s'occupa de faire préparer
tout ce dont ils auraient besoin à travers des pays
ennemis. Ses ordres étaient toujours fidèlement
exécutés. Aussi, tout fut préparé, renouvelé, pour
le moment du départ.

C'est une histoire lamentable que cette marche
des Croisés à travers l'Asie-Mineure. Nous dirons
seulement qu'Anselme eut sa part des souffrances
et qu'il combattit partout, à Nicée, à Dorylée, à
Antioche: partout on le voyait à la tête de ses gens,
les animant de la voix et de l'exemple, couvrant de
ses armes le sire des Fernanches, quand il voyait
ce seigneur menacé. L'armée des Croisés n'avait

pas tous les jours des combats à livrer ; il y avait
des haltes forcées, soit pour secourir les malades,
recueillir les égarés ou apaiser les tumultes. Alors,
les tentes se dressaient et chacun disposait à son
gré de ces moments de loisir.

Fleurance et Anselme continuaient sous la tente
les leçons commencées depuis le moment du
départ. Fleurance apprit à son élève la belle langue d'Homère ; il lui fit lire les poèmes de l'im-
mortel Mélésien ; l'histoire et la philosophie les
occupèrent ensuite : Hérodote, Tucydide, Xéno-
phon, Aristote, Platon, faisaient les délices d'Anselme. Vint ensuite l'histoire générale des peuples,
leur organisation particulière. Anselme s'attacha
surtout à comprendre comment, de la Gaule, s'était
formée la France actuelle ; il faisait de nombreuses
questions sur les mœurs, les habitudes, la religion
des diverses nations. C'est ainsi qu'il dit un jour
à Fleurance :

— Vous ne m'avez jamais rien dit, cher maître,
de la religion des Gaulois, de cette religion dont
certaines pratiques inspirent encore, chez un
grand nombre, une terreur superstitieuse.

— C'est vrai, répondit Fleurance, en souriant,
et je vois que vous croyez encore aux voyages
dans l'air que faisait Cazylda quand vous l'appe-
liez : vous connaîtrez plus tard ce secret.

Si je ne vous ai pas encore parlé de la religion
des Druides, c'est que j'ai voulu laisser au temps

le soin de dissiper chez vous bien des erreurs.
En vivant avec les derniers descendants de nos prêtres vous pouviez comprendre que leur croyance
était digne de quelque respect.

La religion des Gaulois avait pour fondement,
la croyance en un Dieu unique et personnel, en
l'immortalité de l'âme, en une vie future, où
l'homme serait éternellement heureux ou malheureux, selon qu'il aurait pratiqué le bien ou fait
le mal.

César et ceux qui l'ont cru sur parole, ne méritent aucune croyance, quand ils transforment
en Pluton, Mercure, Mars, Jupiter, ce qui n'était
que des attributs de la divinité gauloise. S'il en
eût été autrement, si la religion druidique n'eût
été qu'un abrutissant polythéisme, saint Augustin
au IV° siècle n'aurait pas pu dire que cette
*croyance était celle qui a le plus approché de
la religion chrétienne.*

Comme les Hébreux, les Druides immolaient
des animaux à titre de victimes expiatoires. On
leur a pourtant attribué des sacrifices humains, et
César est le premier qui ait parlé de cette horrible
coutume. Mais César, autorité très-compétente en
matière de stratégie et de science militaire, est
loin de jouir de la même autorité, en matière
d'usages, de mœurs et de religion [1]. Il nous appar-

---

[1] On est étonné de voir Châteaubriant, un Breton s'inspirer de

tiendrait, à nous, hommes de France, de venger la mémoire des Gaulois, outragés par ce César chauve, qui fut le bourreau de nos ancêtres, et qui pourtant, avec toute la puissance militaire de Rome et son propre génie, ne put soumettre ce peuple héroïque, qu'après dix ans de lutte et de massacres.

Les Druides étaient les prêtres de la religion gauloise. L'Archidruide dominait toute l'organisation sacerdotale.

Les femmes exerçaient chez les Gaulois une mystérieuse et touchante influence. On en avait même fait un ordre de prêtresse, sous le nom de *Druidesse*.

On peut dire que les tribus gauloises accordaient au caractère de la femme un respect qui ne s'est offert au même degré chez aucune autre race. Ils attribuaient un rôle important à la *Vierge* et à la *Mère* dans le culte de la famille. Annibal conclut un traité avec une tribu de la Gaule ; il y est stipulé que les réclamations seraient déférées à l'arbitrage des femmes.

Enfin, les Gaulois croyaient à la *Vierge-Mère* qui devait enfanter l'espoir des nations, et leur grande cérémonie du *Guy sacré* était sans doute

---

César et des auteurs qui l'ont cru, pour nous faire un récit dramatique d'un sacrifice humain sur une lande de Bretagne. Nous ne saurions trop l'en blâmer, aussi bien que de sa création hystérique et malsaine de *Velleda*.

une réminiscence de l'arbre de vie du paradis terrestre.

Les Druidesses abusèrent peut-être de leur influence en s'attribuant un grand pouvoir sur la nature et les éléments. Les croyances populaires en firent des objets de terreur, qui plus tard produisirent les attributs des fées, qui jouent un si grand rôle dans les récits de l'enfance.

Vous avez assisté à la dernière réunion des rares membres qui ont conservé le culte de la religion druidique. L'Archidruide Euverthe a déclaré que c'était pour la dernière fois que la fête du *Guy sacré* serait célébrée. Vous apprendrez plus tard pourquoi le Château des fées fut pendant des siècles le lieu des réunions annuelles des Druides. Vous saurez comment s'est perpétuée à travers les siècles cette puissante et illustre famille de l'Archidruide, qui va s'éteindre dans Euverthe. Vous aurez l'explication de l'origine des richesses immenses qu'il possède. Pour le moment, ces quelques mots vous donneront une idée de ce culte druidique qui a duré plus de trois mille ans, après avoir civilisé la Gaule.

La prise de Jérusalem fut l'occasion de brillants faits d'armes, mais aussi d'affreux massacres. Anselme n'aurait pas voulu prendre pour modèles les guerriers, ses compagnons. Depuis qu'il avait embrassé la carrière des armes il avait pratiqué la miséricorde, la pitié, la générosité. Aussi était-

il profondément triste, et pressait-il les préparatifs de son départ pour l'Europe.

Tout-à-coup, on apprend qu'une armée de trois
cent mille Musulmans-Egyptiens étaient rassem-
blés sous les murailles d'Ascalon, pour marcher
de là sur Jérusalem. Les Croisés, toujours remplis
d'un saint enthousiasme, précipitent leur marche
à la rencontre de l'ennemi : ils étaient 20,000 et
les Egyptiens 300,000. Qu'importe ? Dieu n'a-
bandonnera pas les siens.

Le premier choc fut terrible ; mais rien ne
résista à l'impétuosité des Croisés. Ils pénètrent au
centre de l'armée ennemie, y jettent la confusion
et les dispersent. La bataille était gagnée, lorsque
le roi de Jérusalem, voulant juger de l'état des choses, vint tomber dans une embuscade ennemie ;
il est entouré, sa bannière est prise, et on va l'emmener prisonnier.

Anselme voit le danger de Godefroy de Bouillon,
et il vole à son secours de toute la vitesse de son
cheval. Sa masse d'arme d'une main, sa hache
de combat de l'autre, il tombe comme la foudre
sur les premiers ennemis, qui roulent à terre ; il
reprend la bannière du Roi, qu'il remet en garde
au seul soldat qui l'accompagnait. Les Musul-
mans, nombreux, emmenaient prisonnier Godefroy ;
Anselme, malgré une grêle de flèches, arrive sur
eux, renverse les premiers, écrase et terrifie les
autres. Ce n'est pas un homme, c'est saint Geor-

ges, ou le chef des milices célestes, pensaient les Egyptiens; ils fuient, et le Roi est délivré. A ce moment, arrivent les soldats de Godefroy de Bouillon, et Anselme se retire.

Il n'y eut pas la moindre pensée d'amour-propre dans ce noble cœur ; il venait de faire son devoir de soldat. Il était sous sa tente, et on délaçait son armure pour panser quelques légères blessures, lorsqu'un messager du Roi de Jérusalem se présenta, lui annonçant que Godefroy de Bouillon le demandait.

Quand il parut dans la tente royale, Godefroy se leva, tout ému, et vint presser dans ses bras son sauveur.

— Mon fils, lui dit-il, en sauvant le Roi, vous avez sauvé l'armée. Qui sait quelle terreur eut saisi les nôtres, si on avait appris que le Roi était prisonnier ? Les Egyptiens se seraient reformés, et notre victoire se serait changée en défaite.

Je ne puis pas vous enrichir, je suis aussi pauvre que le divin Crucifié dont nous venons de conquérir le tombeau ; mais ce que j'ai, je vous le donne. Je vous fais chevalier, sur ce champ de bataille.

A genoux, mon fils. Le Roi prononça les paroles consacrées, toucha Anselme de son épée et lui donna l'accolade.

Les chefs qui remplissaient la tente avaient tous quelques traits de bravoure, d'héroïsme et de bonté à raconter sur le nouveau chevalier, qui baissait la tête devant tant de louanges.

Mais celui dont la joie toucha profondément le cœur d'Anselme ce fut Fleurance. Cet homme fort, toujours maître de ses impressions, ne put contenir son émotion. Quand Anselme se retira, Fleurance le pressa longtemps sur son cœur, et ne put que lui dire :

— O mon cher fils, que je suis heureux !

Après la bataille d'Ascalon, Anselme et Fleurance partirent en la compagnie du baron des Fernanches.

Cinq années s'étaient écoulées depuis le départ d'Europe, cinq années d'épreuves terribles, de maux inouïs et d'actions glorieuses. Les Croisés croyaient bien avoir rempli le vœu qu'ils avaient fait en partant, et ils remerciaient Dieu qui leur avait réservé la joie du retour.

III.

Le retour.

A leur arrivée à Marseille, Fleurance et Anselme se rendirent auprès d'Euverthe, qui leur témoigna tout le bonheur qu'il éprouvait à les revoir. Quelques jours furent consacrés à des emplettes,

puis nos deux vaillants Croisés partirent pour le
Château des fées. A quelque distance, Fleurance
dépêcha un domestique pour annoncer leur approche, et quand ils entrèrent dans la première
cour, ils virent un grand nombre de personnes qui
les attendaient ; à leur tête Cazylda, et tout près
d'elle le vieux curé de Saint-Just.

Anselme était revêtu des insignes de la chevalerie : l'épée, l'écharpe, les éperons d'or, le casque
éblouissant de même métal, avec son cîmier et
une touffe de plumes blanches. Sa bonne mine
ressortait merveilleusement sous ce costume éclatant.

Quand il vit Cazylda, il descendit de cheval,
vint s'agenouiller devant elle, et lui baisa la main
avec un grand respect.

— Dieu a voulu que je puisse vous revoir, ma
bonne protectrice, et c'est pour moi une joie infinie.

— Relevez-vous, messire, dit Cazylda un peu
troublée, et croyez qu'au Château des fées une
jeune fille éprouve autant de joie que vous.

Ce fut ensuite le tour du bon curé, qui reçut, les
larmes aux yeux, les caresses si franches, si affec-
tueuses de son ancien élève.

Mais un peu à l'écart, Fleurance et Cazylda
ont peu de paroles pour peindre leur ravissement ; enfin, Fleurance put dire à sa fille tant aimée :

— Le voilà, le diamant poli ; êtes-vous contente, Cazylda ?

La jeune fille ne put répondre qu'en étreignant sur son cœur, son père, Fleurance.

Quelques jours de repos, de calme, de bonheur se passèrent ; puis un jour, Anselme vint visiter son vieux pasteur.

— Je devais être heureux, mon père, et pourtant je me sens inquiet, agité : c'est surtout en présence de Cazylda que je ne suis plus maître de mes émotions. Que se passe-t-il donc en moi ?

— Rien qui doive vous inquiéter, mon fils ; peut-être Dieu veut-il vous avertir qu'il a encore des desseins sur vous.

— Mais vous ne comprenez donc pas, mon père, que Cazylda seule est cause de mon agitation.

— A cela, je ne vois pas de mal.

— Vous voulez, mon père, mettre ma patience à l'épreuve. Je continue donc. Dans des rêves insensés, je me vois l'époux aimé de Cazylda.

— Je ne m'y opposerais certes pas.

— Mais, mon vieil ami, avez-vous songé à ce que je suis ? un pauvre serf affranchi ; à ce qu'elle est ? belle comme les anges, plus riche qu'une reine, et fille du grand Euverthe.

— Je pense, mon cher fils, que vous êtes un chevalier renommé, l'égal de tous et le supérieur de beaucoup par de bonnes qualités dont Dieu à voulu vous orner.

— Mais, cher maître, pourrais-je jamais épouser une femme qui ne pratique pas la religion chrétienne ?

— Ce que je puis dire, pour conclure, dit le prêtre, c'est de vous calmer et d'avoir espoir ; Dieu sait opérer de grands miracles.

Anselme revint de chez le curé, peut-être plus agité. Cependant un bleu rayon d'espérance faisait doucement battre son cœur.

Quelques semaines s'écoulèrent. De grands préparatifs se faisaient, et Cazylda dit à Anselme, comme une chose toute simple :

— Demain, cher Anselme, je reçois le baptême dans l'église de Saint-Just.

— Le baptême ? se dit Anselme ; ainsi, voilà un premier obstacle levé ; mais les autres ? Espérons.

Le lendemain, par une rayonnante journée de printemps, une troupe nombreuse sortait du Château des fées se dirigeant vers l'église de Saint-Just. Cazylda, vêtue de blanc, montait une belle haquenée, et Fleurance et Anselme escortaient à droite et à gauche, la belle jeune fille.

Le bon vieux prêtre vint recevoir à la porte de l'église sa pieuse néophyte. Il s'apprêtait à lui adresser quelques paroles touchantes, lorsque, de deux côtés opposés, arrivèrent deux troupes qui s'arrêtèrent devant la porte de l'église.

Les chefs des deux troupes descendirent de

7

cheval. L'un était habillé de blanc, la couronne de chêne en tête et la faucille d'or au côté.

— Mon père, s'écria Cazylda.

— Ma fille chérie, j'ai voulu te surprendre.

On vit alors s'avancer le chef de l'autre troupe revêtu de riches habits d'étoffe d'or comme en portent les ministres de la religion dans la célébration du culte.

— Euverthe, cher Euverthe, je croyais ne voir que Cazylda, dont on m'avait annoncé le baptême, et je puis vous revoir.

— Messire Archevêque, cher prince, répondit Euverthe, soyez le bien-venu : votre présence me rappellera de doux moments, passés en votre compagnie, à la cour de votre père, avant que vous fussiez élevé sur le siége de Lyon.

Vous veniez donner le baptême à une personne. Vous aurez encore à me le conférer, car je veux être chrétien.

L'étonnement fut général ; mais nous ne dirons rien des sentiments qui agitaient la foule. La cérémonie allait commencer. Avant d'entrer dans l'église, Euverthe déposa sa couronne, sa faucille d'or et sa robe blanche et parut revêtu du costume reçu chez les grands.

Cazylda avait choisi pour parrain et pour marraine, un pauvre serf et sa femme, que ses bienfaits s'étaient attachés.

Euverthe avait fait demander le sire des Fer-

nanches et sa femme, qui avaient accepté un peu
par curiosité.

Après la cérémonie, tout le monde se rendit au
château. L'Archevêque Hugues y passa la nuit
et causa longuement avec Euverthe.

Quant tout fut rentré dans l'ordre et dans les
habitudes usuelles, Anselme vint trouver Fleurance, et lui dit ses aspirations, ses craintes, ses
incertitudes.

— Me pardonnerez-vous la témérité de mes
désirs, mon cher maître?

— Je vous le pardonne, mon fils ; demain je
vous donnerai une réponse.

Le désir d'Anselme était celui de Fleurance.
Unir de si nobles qualités, deux si grands cœurs,
était son rêve, son idée fixe ; il en avait entretenu
Euverthe, et trop de signes révélateurs lui avaient
fait connaître que l'opposition ne viendrait pas
de Cazylda.

Ils s'entretint longtemps, avec Euverthe, de la
demande d'Anselme, qui allait nécessiter de précipiter les affaires. On convint de se réunir le
lendemain.

En effet, vers midi, Fleurance vint prendre Anselme.

— Allons, mon fils, soumettre votre demande
à Euverthe et à Cazylda.

Anselme le suivit tout tremblant.

— Mon ami, dit Fleurance, Anselme m'a chargé
de te demander la main de ta fille.

— Et que dit ma fille ; répondit Euverthe.

Chère Cazylda, murmura Fleurance, je vais vous indiquer une réponse qui ne vous coûtera pas de peine si vous agréez la demande du vaillant chevalier ici présent : laissez tomber votre main dans la sienne, et tout sera dit.

Cazylda, la rougeur au front, le bonheur dans le cœur, laissa tomber sa main dans celle d'Anselme, qui certes, à ce moment, n'était pas un habitant de la terre.

Peu de jours après, le mariage se célébra. Euverthe passait de longs mois avec ses enfants. Fleurance ne les quitta jamais. Les habitants de la campagne, à de grandes distances du château reçurent d'abondants secours : ils bénirent et aimèrent leurs bienfaiteurs, et le château n'inspira plus la terreur, mais la reconnaissance.

La postérité d'Anselme et de Cazylda se perpétua : une condition fut imposée à leur descendance : c'est que si un jour quelqu'un voulait quitter le château, cette splendide demeure serait démolie jusque dans ses fondements, et les richesses transportées dans la nouvelle résidence.

Cet événement arriva après les guerres d'Italie par Charles VIII et Louis XII. Le chevalier de *Broglio*, nom de noblesse d'Anselme, qui existait alors, vint s'établir en Italie : il y devint prince, ses fils ducs, comtes, etc.

CHAPITRE XII

Le sire des Fernanches.

> Bientôt chacun d'eux eut crénelé
> son castel et posé son siége de justice
> près du billot de son exécuteur. Alors
> on vit au grand jour tout ce que l'é-
> goïsme, sans contrepoids, peut inspi-
> rer de violences au cœur d'un homme
> ignorant.
>
> Olim.

Le sire des Fernanches, vassal puissant du
seigneur de Saint-Chamond, avait assis son
château sur le roc qui baigne la rive gauche du
Dorley. Ce fier castel dressait d'une façon altière
ses tours carrées et ses murailles crénelées. La
seule tour quadrangulaire, dont nous avons parlé,
a pu braver le passage des siècles et le marteau
de la bande noire.

Il y a vingt ans passés, un vieillard de Doizieux,
avait fait sa demeure de ce nid d'aigle, qui, à cette
époque, formait un logement convenable. Le père
Ollagnier n'avait pas toujours été heureux, pendant le cours de sa longue carrière, et ses malheurs

l'avaient rendu un peu misanthrope. Aussi, vivait-
il, dans sa tour, seul, isolé, ne voulant voir
personne de sa famille, qui était dans l'aisance.
J'aimais ce bon vieillard, qui m'accueillait toujours avec un doux sourire. J'allais souvent
frapper à la porte massive du donjon, afin d'entendre quelque histoire des temps anciens de
Doizieux, que mon bienveillant solitaire mettait
une grande complaisance à me raconter. La
légende du sire des Fernanches m'avait surtout
frappé et j'ai pu constater sur un vieux manuscrit
l'exactitude du récit du père Ollagnier, que je
suis forcé d'abréger.

Les bénédictins de Cîteaux avaient prêché la
croisade contre les hérétiques du Midi, et les
populations du Nord s'étaient précipitées sur ces
riches provinces méridionales, qu'ils allaient
ravager au nom de Dieu. *Tant fut grande l'affluence
des croisés, tant fut grand le nombre des pavillons,
qu'il semblait que tout le monde y fut.* (Un moine
contemporain.) Ce n'était pas étonnant, on avait
offert le paradis à qui pillerait ici-bas les riches
campagnes, les cités opulentes du Languedoc. La
tentation avait été d'autant plus forte, qu'il n'avait
pas fallu, cette fois, traverser les mers pour aller
combattre les mécréants.

Les barons les plus illustres, les plus puissants,
y avaient conduit leurs vassaux. Le comte de Forez
s'était fait accompagner du seigneur de Saint-Cha-

mond, le premier baron lyonnais, et ce dernier
n'avait pas négligé de se faire suivre par Roger
Plantevelu, seigneur des Fernanches, le plus
vaillant de ses vassaux.

Roger était un beau chevalier, jeune encore,
vigoureux de corps et d'âme, à l'œil vif, à la voix
forte, au bras pesant. Le fier baron de Saint-Chamond connaissait le prix de ce soldat infatigable.
Le sire des Fernanches laissait aller au hasard
l'énergie de son caractère indompté, dans toute sa
fougue désordonnée ; il mettait son sang, son
pouvoir, son honneur à la discrétion de chaque
sentiment qui possédait son cœur, de chaque
fantaisie qui venait briller à son esprit.

Dans tout autre moment, c'eût été une bonne
fortune pour ce rude batailleur, que de s'en aller
guerroyer en Languedoc, pour gagner le ciel, en
frappant de grands coups d'épée ; il eut remercié
Dieu et serait parti joyeusement. Aujourd'hui, cet
appel aux armes le trouvait soucieux, inquiet, et
s'il ne lui fut pas possible de s'affranchir du service obligé qu'il devait à son suzerain, il maudit
de bon cœur la pesanteur de la chaîne féodale qui
le forçait à marcher pendant quarante jours sous
la bannière du premier baron lyonnais.

Roger était veuf; il n'avait eu de son mariage
qu'une fille, qu'il avait élevée avec toute la solli-
tude d'un ardent amour paternel. A qui allait-il
confier la garde de ce trésor ? Notre châtelain

comptait peu d'amis, il avait souvent tiré l'épée
contre ses voisins turbulents ; car, à cette époque,
il n'était pas rare de voir les petits souverains
féodaux, les hommes d'armes, les gens de guerre,
enlever les filles, les femmes, piller, maltraiter,
mettre à mort ceux qui s'opposaient à leurs brigandages. Le château des Fernanches pouvait
être à l'abri d'un coup de main, mais il ne résis-
terait pas à une attaque régulière.

Allié par sa femme aux seigneurs de Malleval,
qui tenaient eux-mêmes à la famille illustre des
comtes du Forez, le sire des Fernanches allait
resserrer les liens qui l'unissaient déjà à cette
noble maison. Il avait choisi pour le fiancé de sa
fille Blanche, Renaud de Malleval, qu'il avait vu
naître et dont il avait encouragé les sentiments
affectueux pour sa fille.

Renaud aurait été sans doute un intrépide dé-
fenseur pour Blanche, alors qu'un prêtre aurait
consacré leur union ; mais il avait à faire ses
premières armes contre les mécréants pour gagner ses éperons de chevalier. L'honneur parle,
il doit partir, et sa fiancée l'approuve.

Déjà l'armée des Croisés est réunie sur les
bords du Rhône pour marcher contre les Albi-
geois. Roger, avant d'aller rejoindre la bannière
de son suzerain, recommande sa fille au châtelain
de Saint-Paul, son voisin, qu'une blessure empêchait de se croiser. Le vieux Saint-Paul promet

de veiller à la sûreté de Blanche, et d'ailleurs, le
château des Fernanches reste sous la garde de
l'écuyer Gontrand de Mont-Vieux. Roger connaissait la fidélité à toute épreuve de cet intrépide
soldat, qui n'aurait pas hésité à se faire tuer pour
exécuter les ordres de son maître.

— Je vais partir, dit le chevalier des Fernanches à sa fille, mais le Dieu pour lequel
je vais combattre ne t'abandonnera pas. En
échange de ma vie que je lui consacre, je lui demande ton bonheur, la sérénité et la sécurité de
ton existence. Tu le sais bien, ton noble fiancé,
qui m'attend avec ses vassaux, est pour moi un
fils sur les jours duquel je veillerai, et je te le ra-
mènerai bientôt pour que vous ne soyez plus
séparés. Tu connais Gontran, son inflexible fidélité et sa bonté toute affectueuse, je te le laisse,
avec des hommes d'armes qui me sont dévoués.
Si quelques dangers vous menaçaient, adresse-toi
au sire de Saint-Paul; il m'a promis de te venir
en aide et de te protéger.

Le cœur de Blanche se brisait à l'idée de cet
adieu, que les événements pouvaient rendre éternel; mais elle cacha à son père les larmes qui la
suffoquaient. Après le départ du chevalier, elle
put s'abandonner à toute sa douleur.

Elle était seule, orpheline, dans ces temps de
guerre et de brigandages: des étrangers allaient
veiller sur elle. Un pressentiment de malheurs

inconnus la saisit d'épouvante. Au milieu de ses
sanglots, elle pria Dieu de lui venir en aide.

Blanche des Fernanches avait dix-huit ans ; il
y en avait six qu'elle avait perdu sa mère. Elle
était d'une taille au-dessus de la moyenne, svelte,
gracieuse ; son visage était d'un bel ovale, son nez
droit, bien ouvert à la base, ainsi que la nature
des pays hauts les forme pour respirer à l'aise
l'air subtil des montagnes ; ses yeux très-noirs,
son front découvert, et une fierté mélancolique
dans le regard en faisaient une personne ravissante de grâces :

> La florette qui naist el pré
> Rose de mai ne flor de lis
> N'est tant belle, ce m'est avis ;
> Et mieux avenait sur son vis (visage)
> Le vermeil sor le blanc assis
> Que le sinople sor l'argent...
> Et sa bouche était merveille
> Que elle semblait passe rose ;
> Nature qui fête l'avait
> Y ot mise tôt son sens,
> Tant qu'elle fut povre lonc temps.

Tel est le portrait que le chroniqueur nous fait
de Blanche. La mort de sa mère avait été sa première douleur, et son visage conservait l'empreinte
d'une tristesse profonde. Dans un âge où chaque
illusion est une espérance et où chaque espérance
est bonheur, Blanche n'avait vu dans l'avenir que
des larmes. L'isolement lui avait révélé tout ce

qu'elle avait de sensibilité dans l'âme. Elle venait
de rêver une existence paisible avec son fiancé de
Malleval ; la croisade, où tant de nobles hommes
laissaient leur vie, lui rappelait la triste réalité.
Elle reprit ses noirs habits de deuil, qu'elle avait
échangés un moment contre la parure de fiancée.

Il ne faut pas croire que la sensibilité excessive
de notre jeune châtelaine eut absorbé chez elle
toute force de caractère. Sous des apparences
rêveuses et mélancoliques, elle cachait une énergique volonté ; sa force morale s'était développée
en proportion de son physique. Dès son jeune âge,
elle s'était habituée à tous les exercices violents
qui semblent être le partage exclusif de notre
sexe. On l'avait vu souvent prendre part aux
courses aventureuses de son père, qui, à la chasse,
n'avait pas de plus intrépide compagnon que sa
fille. Sa belle et robuste organisation respirait à
l'aise dans les profondes solitudes des bois, où
elle aimait à s'égarer, comme pour secouer à travers l'espace le poids de ses chagrins. Sur nos
montagnes, l'impression d'une vaste, calme et
douce nature, la calmait.

Le départ de son père la plongeait dans de
tristes pensées ; elle venait d'implorer l'assistance
de Dieu, lorsqu'elle vit la tapisserie de sa chambre
se soulever et le bon Gauthier, son confesseur,
son ami, se présenter devant elle. C'était un beau
vieillard, à la voix douce, au regard limpide et

d'un grand savoir. Il avait élevé Blanche avec des soins tout paternels ; ce qu'elle savait, il le lui avait enseigné ; aussi l'affection de ces deux personnes était-elle sincère, profonde, inaltérable.

— Soyez le bien-venu, mon Père ; prions ensemble pour appeler la protection du ciel sur ceux qui partent.

— Et sur ceux qui restent, ajouta le prêtre ; si la mort attend les nobles Croisés, des dangers peuvent aussi nous menacer, malgré l'épaisseur des murs qui nous défendent.

— Je regrette, reprit Blanche, que mon père m'ait recommandé au sire de Saint-Paul. Vous connaissez son caractère impétueux, violent et cruel, son audace dans les guerres de brigandage et sa barbarie envers les malheureux qui tombent en son pouvoir ; vous savez qu'il est devenu un objet d'épouvante et de terreur pour tous et que personne ne se confierait en lui.

— La charité, ma fille, nous défend de juger avec sévérité notre prochain. Le châtelain de Saint-Paul a une mauvaise réputation, je le sais ; mais faudrait-il désespérer de trouver dans son cœur un bon sentiment ? Et ce bon sentiment ne suffirait-il pas pour lui faire garder la foi qu'il a jurée à votre père. Veiller sur les jours d'une orpheline, n'est-ce pas une mission divine ? J'ai la croyance que le dur baron n'est pas assez méchant pour braver la colère de Dieu en manquant à ce devoir, et d'ailleurs, n'avez-vous pas de courageux hommes d'armes, commandés par notre fidèle Gontran ? Allons, ma fille, rassurez-vous et venez respirer les brises parfumées qui nous arrivent des montagnes ; ma visite avait pour but de vous proposer une promenade sur les terrasses.

Tout autour du château et dans la vaste enceinte des fortifications, s'échelonnaient des jardins qui s'arrêtaient au ruisseau de Dorley. C'étaient des lieux souvent visités par la jeune fille et son vénérable maître, et où l'élève docile avait souvent reçu les leçons de son vénéré professeur. Aujourd'hui, le saint vieillard veut inspirer à Blanche une confiance qu'il n'a pas. Il connaît le sire de Saint-Paul, et il tremble ; non pas pour lui. Qu'a-t-il à craindre ? D'aller jouir un peu plus tôt du bonheur éternel qui l'attend ! Mais il redoute les plus grands malheurs pour l'héritière de son maître, pour son élève chérie. Il voudrait lui persuader de ne pas recevoir dans le château son équivoque protecteur. Mais comment y faire consentir Gontran, pour qui l'obéissance passive est un devoir sacré ? Blanche et Gauthier se bornèrent ce jour-là à recommander la plus grande vigilance aux hommes d'armes et à s'assurer, si, en cas d'attaque, on pourrait s'échapper par une porte masquée qui donnait sur un fossé.

Pendant quelques jours, rien ne vint troubler la tranquilité du château des Fernanches. La fille de

Roger vivait paisible, et sa résignation s'était for-
tifiée. Un matin, le son d'un cor, qui se faisait entendre de l'autre côté du ruisseau, rappela les
craintes et l'anxiété. Gontran monta sur les remparts et reconnut le châtelain de Saint-Paul. Il se
hâta de faire abaisser le pont-levis et le vieux Saint-
Paul entra avec sa troupe.

— Vous connaissez mon pouvoir ici, messire
écuyer, dit le farouche Bernard à Gontran de
Mont-Vieux.

— Mon maître vous a remis la garde de sa
fille et de son château, répondit l'écuyer. Vous me
voyez prêt à vous obéir.

— Qu'on fasse disposer des salles pour mes
hommes, et après le souper ils iront relever les
postes.

Ce ne fut pas sans inquiétude que Gontran vit
ces étrangers s'emparer si vite du commande-
ment ; mais il n'en obéit pas moins aux ordres du
baron.

Après quelques instants de repos, le sire de
Saint-Paul se présenta devant la jeune châtelaine,
qu'il avait fait prévenir de son arrivée. La figure
sillonnée de cicatrices de ce dur seigneur, la vio-
lence de son regard et sa stature haute et robuste
auraient fait croire qu'il était encore dans la force
de l'âge, quoiqu'il eût dépassé la soixantaine. Sa
tête, prodigieusement aplatie au sommet, ses lèvres pâles et minces, ses joues creuses annonçaient

un homme dissolu, dépravé, capable d'un crime
pour triompher de ce qui pouvait faire obstacle à
ses désirs. C'était bien ainsi que se le représentait
Blanche dans le trouble de son imagination. Il
voulut rassurer la jeune fille, mais son sourire
ressemblait à un frémissement de menace.

— Songez, noble damoiselle, que je viens ici
vous tenir lieu de père ; il ne dépendra pas de
moi que vous ne regrettiez plus celui qui s'en est
allé guerroyer.

— Dieu vous récompensera pour votre sollicitude envers une orpheline, sire châtelain, et je le
prierai pour vous.

Cependant les hommes de Saint-Paul comman-
daient seuls dans le château. Le vieux Gontran
était prisonnier, et ses compagnons d'armes
étaient surveillés par les bandits étrangers.

Le châtelain de Saint-Paul venait de consommer
sans coup férir un de ses brigandages habituels ;
il s'applaudissait de la confiance stupide de Roger
des Fernanches.

— J'ai dissimulé assez longtemps la haine qu'il
m'inspirait, se disait-il en se promenant ; l'in-
sensé ! a-t-il donc pu croire que j'aie pu oublier
son infâme trahison ? il y a vingt ans, oh ! alors
je n'avais pas de haine au cœur ! j'aimais un
ange qui m'avait donné un fils, un héritier de
mon nom. Roger était mon voisin, le fils de mon
ami ; je le recevais avec confiance, et, sans la vigi-

lante sollicitude d'un serviteur, je n'aurais pas
su que les deux personnes que je chérissais le
plus s'entendaient pour me trahir. Horreur ! je
tuai l'enfant que j'appelais mon fils, pauvre inno-
cent ; j'aurais dû me contenter de la mort de la
coupable mère ! Vingt fois j'aurais pu me venger
sur Roger. Il ignora toujours la cause de la mort
de sa victime et celle de l'enfant adultère ; il continua à me visiter, et moi j'attendais avec patience
l'heure de la vengeance, qui a enfin sonné. Il
aime sa fille plus que la vie : sa fille ! autre inno-
cente victime, payera pour son père coupable ;
elle m'appartiendra, je l'ai juré ; c'est ma part de
butin dans le pillage du château.

Il continuait ce monologue en se rendant auprès de la fille de Roger.

Blanche prévoyait bien des malheurs ; mais
qu'elle était loin de s'attendre à celui qui la me-
naçait. Elle allait se livrer au repos lorsque Bernard de Saint-Paul entra chez elle.

— Vous savez, lui dit-il, que je commande en
maître dans le château de votre père ; vos hommes d'armes sont en mon pouvoir, et Gontran
est dans un cachot ; vous savez encore que l'on
m'appelle impitoyable ; mon caractère justifie
pleinement ce nom : c'est vous dire que je ne
changerai rien aux volontés que je vais vous faire
connaître.

— Je hais votre père parce que, il y a vingt

ans, il m'enleva l'affection d'une femme que j'aimais. Je tuai ma femme et son enfant ; j'aurais pu tuer dans plusieurs occasions l'auteur de mon malheur ; j'ai voulu attendre le moment d'une plus complète vengeance. J'ai donc pu tromper votre père qui m'a cru son ami, et vous êtes en mon pouvoir.

A ces dernières paroles, la jeune fille se croyait sous l'empire d'un rêve affreux ; elle appuyait sa main sur sa tête brûlante pour s'assurer qu'elle était bien éveillée. Le courage ne lui eut pas manqué pour supporter le pillage du château ; elle n'en avait plus à l'approche de l'horrible menace de son bourreau ; ses lèvres remuaient machinalement et il ne sortait aucun son de sa bouche.

— J'ai mandé ici, ajouta le bandit, votre chapelain, pour nous réciter les prières qu'il voudra ; car aujourd'hui vous serez ma femme.

— Votre femme ! pût-elle s'écrier ; mais vous savez que je suis fiancée à Renaud de Malleval ?

— Eh ! que m'importe ! Ce que j'ai décidé se fera ! Voici justement le chapelain pour nous dire les patenôtres dont je me serais passé.

— Songez à ce que vous allez faire, sir châtelain, dit avec fermeté le bon Gauthier. L'ordre de chevalerie dont vous êtes revêtu vous fait un devoir de venir en aide au faible et à l'orphelin ; ne mentez pas à vos serments et ne vous rendez pas indigne de paraître au milieu de vos nobles compagnons d'armes.

— C'est assez, vieux moine ; hâte-toi de m'obéir, ou crains ma colère !

— Jamais je ne commettrai l'action infâme que vous me proposez, et je ne crains pas vos menaces.

— C'est ton dernier mot ? Aussi bien tu me serais toujours un embarras.

Et d'un violent coup de poignard il envoya le saint prêtre au ciel.

— Maintenant à nous deux, jeune fille ; personne ne nous sermonera plus : tu vas me suivre comme une épouse docile.

Il aurait pu parler longtemps : Blanche ne l'entendait pas ; agenouillée près du martyr, dont le sang avait rejailli sur sa robe blanche, elle regardait les objets et les personnages sans rien comprendre à la scène qui frappait ses regards. Ce ne fut qu'au moment où Saint-Paul s'approcha d'elle, pour l'emmener de force, que le sentiment lui revint.

— Assassin d'un prêtre, infâme sacrilége, ne m'approchez pas ou je me précipite à l'instant en bas de ces murs, lui cria-t-elle en ouvrant précipitamment l'étroite croisée de la chambre.

Le bandit ne s'attendait pas à cette résistance désespérée ; il jugea, à l'air de la vaillante jeune fille, qu'elle exécuterait sa menace. Il la laissa seule ; mais sous le prétexe de faire enlever le corps du chapelain, il envoya trois de ses hommes, qui transportèrent Blanche dans une salle basse, où ils eurent ordre de ne pas la perdre de vue.

Il s'était écoulé plus de huit jours de tortures pour la fille de Roger. Elle implorait le ciel avec ferveur, et le désespoir avait fui de son cœur ; elle eut bravé tous les mauvais traitements de ses bourreaux, si elle avait pu être délivrée de la présence de l'abominable Saint-Paul.

Un soir, le soleil se couchait derrière les monts, lorsque le son du cor se fit entendre de l'autre côté du Dorley. Un homme monta sur la grande tour carrée et reconnut à son pennon le sire de Malleval, accompagné d'une petite escorte.

— C'est plus de bonheur que je n'en espérais, dit Saint-Paul. Le supplice du beau fiancé va ajouter à ma vengeance. Qu'on baisse le pont-levis et qu'on ne laisse entrer que le jeune Malleval.

Ces ordres furent exécutés ; et Renaud qui arrivait heureux auprès de celle que n'avaient pu lui faire oublier le bruit des armes et la gloire qu'elles donnent, fut garotté et conduit devant sa belle fiancée, qui ne put que lui tendre ses mains chargées de chaînes.

Roger des Fernandes s'était vaillamment conduit à l'armée des Croisés. Après le sac de Béziers, il reprit la route de ses domaines, et il était déjà parvenu sur les bords du Rhône, lorsqu'un émissaire, qu'avait pu gagner Gontran, et qui s'était échappé par une poterne cachée sous les remparts, vint lui faire connaître la félonie de Saint-Paul, et la triste situation de sa fille et de son gendre. L'émotion de Roger fut grande, et sa fureur ne connut pas de borne ; il se précipite et arrive à Doizieux la veille du jour où Renaud de Malleval allait être mis à mort.

A la faveur de la nuit il se glissa avec ses hommes d'armes le long du ruisseau et trouva ouverte, sous les remparts, la porte par où s'était échappé l'émissaire de Gontran. Il pénètre silencieusement dans son château, suivi de quelques intrépides compagnons d'armes ; il arrive dans la salle où se trouvait Saint-Paul, le fait saisir à l'improviste et commande de courir sus aux soldats du bandit.

Il tint longtemps pressé sur son cœur sa fille infortunée, et après avoir fait rompre les chaînes de Renaud et délivré son fidèle Gontran, il songea à faire une prompte et terrible justice du traître Saint-Paul.

Par ses ordres, son écuyer réunit dans une vaste pièce tous ses hommes d'armes, qui surveillaient les soldats garrotés de Saint-Paul. On amène le sanguinaire baron, et à la lueur des torches, Roger et ses compagnons prononcent sa dégradation de l'ordre de chevalerie et son arrêt de mort.

Aussitôt, on lui arrache ses insignes de chevalier ; on brise ses éperons, on écartèle son écu, on lui frappe la figure d'un coup de plat d'épée et on répand de l'eau chaude sur sa tête.

Le jour paraissait, lorsque le chevalier dégradé est amené devant le siége de Roger. Il tient, de la main gauche, son écu brisé et de la droite sa lance inclinée. Son épée est en deux morceaux et son haume, que la hache a fendu, laisse apercevoir les prunelles de ses yeux qui lancent des flammes. Son cheval est bardé comme pour le combat. A un signal que fait le sire des Fernanches, quatre hommes garrottent Saint-Paul et le lient fortement sur son cheval ; ils couvrent les yeux du noble animal qui se laisse conduire. Le pont-levis s'abaisse, et le *félon, le traître, foi mentie*, Saint-Paul, franchit ignominieusement la porte du château des Fernanches ; il crut en être quitte à bon compte, et il s'applaudit, comptant bien retrouver Roger.

Cependant, on gravit en silence un rocher énorme qui domine la partie nord de Doizieux. Arrivé au sommet, et sur une espèce de plate-forme qui se trouve à peu près au niveau des remparts du château des Fernanches, Roger, qui a vu le lugubre convoi parvenu à sa destination, sonne du cor. C'était le signal convenu. Alors, on conduit le cheval et le chevalier au bord du rocher et on précipite l'animal et son maître d'une hauteur de plus de cent pieds. Le cheval fut tué sur le coup. L'armure de Saint-Paul lui conserva assez de vie pour le faire souffrir des douleurs atroces ; il vécut encore deux jours attachés à son cheval. Ainsi périt le félon Saint-Paul.

Quelques remords venaient bien parfois rappeler à Roger que lui aussi avait offensé Bernard ; mais, dans cette âme impitoyable, l'impression du moment effaçait les souvenirs du passé.

Il défendit qu'on enlevât les restes du chevalier dégradé. Il y fit seulement placer un vaste suaire noir, et depuis, ce rocher a continué à s'appeler la *Roche-du-Suaire.*

Ici se termine ma chronique sur le château des Fernanches. Ici finit encore ce que j'ai voulu dire de mon pays de Doizieux, que je vais quitter.

Adieu donc, terre aimée de mes pères ! Puisse la rosée céleste rendre tes champs plus fertiles, tes bois plus touffus ! Puissent tes habitants jouir en paix de leur bonheur sans en envier d'inconnus ! Puisses-tu, enfin, toujours être l'asile où la religion et la vertu sont en honneur et où l'amitié sincère, hospitalière, a fixé son séjour !

Nos patriæ fines et dulcia linquimus arva.

FIN

TABLE

St-Etienne, imp. Freydier, rue de la Bourse, 2.

www.ingramcontent.com/pod-product-compliance
Lightning Source LLC
Chambersburg PA
CBHW071943090426
42740CB00011B/1800